聖 經
성 경

筆 寫
필 사

第 一 卷 ㊤

(創世記:창01-44장)

聖經筆寫協會　　著: 柳賢授

서 문 (序文)

필사와 필기의 개념을 먼저 생각을 하려고 합니다.

필사는 말 그대로 글자 위에 글씨를 따라 그리는 형태를 말하고 필기는 글을 받아 적거나 글을 보고 백지면 위에 글씨를 쓰는 형태를 말합니다.
이 책은 제목처럼 필사입니다.

처음에는 모방을 하는 듯 하지만 시간이 지나면서 인내심도 깊어지고 악필이라고 하는 난필을 교정하고 오랜 시간이 지나면 자신도 모르는 사이에 자신만의 필체를 만들어가며 생활에서 마음 속 깊이 자부심이 심어지고 인내심과 정신력이 깊이 향상되어 가고 있는 것을 깨닫게 될 것입니다.

혼자서 필사를 하려고 하다가 같이 필사를 해야겠다는 생각을 하고 준비를 했습니다.

도서출판 보혜 드림

一卷㊤目次
일 권 목 차

創世記第一章
창 세 기 제 일 장

창 1:1

元始、대초에
원 시

祆 上帝創造天地、
천 상 제 창 조 천 지
하나님이 천지를 창조하시니라

창 1:2

地乃虛曠混沌、땅이 혼돈하고 공허하며
지 내 허 광 혼 돈

淵際晦冥、흑암이 깊음위에 있고
연 제 회 명

祆 上帝之神 하나님의 신은
천 상 제 지 신

煦育乎水面、수면에 운행하시니라
후 육 호 수 면

창 1:3

祆 上帝曰、하나님이 가라사대
천 상 제 왈

宜有光、빛이 있으라 하시매
의 유 광

卽有光、빛이 있었고
즉 유 광

창 1:4

祆 上 帝 視 光 爲 善 、그 빛이 하나님의 보시기에 좋았더라
천 상 제 시 광 위 선

遂 判 光 暗 、하나님이 빛과 어두움을 나누사
수 판 광 암

창 1:5

謂 光 爲 晝 、빛을 낮이라 칭하시고
위 광 위 주

謂 暗 爲 夜 、어두움을 밤이라 칭하시니라
위 암 위 야

有 夕 有 朝 、저녁이 되며 아침이 되니
유 석 유 조

是 乃 一 日 、○이는 첫째 날이니라
시 내 일 일

창 1:6

祆 上 帝 曰 、하나님이 가라사대
천 상 제 왈

水 中 宜 有 穹 蒼 、물 가운데 궁창이 있어
수 중 의 유 궁 창

使 水 判 乎 上 下 、물과 물로 나뉘게 하리라 하시고
사 수 판 호 상 하

창 1:7

遂 作 穹 蒼 、하나님이 궁창을 만드사
수 작 궁 창

以 分 穹 蒼 나뉘게 하시매
이 분 궁 창

上下之水、궁창 아래의 물과 궁창위의 물로
상 하 지 수

有如此也、그대로 되니라
유 여 차 야

창 1:8

祆上帝謂 하나님이
천 상 제 위

穹蒼爲天、궁창을 하늘이라 칭하시니라
궁 창 위 천

有夕有朝、저녁이 되며 아침이 되니
유 석 유 조

是乃二日、○ 이는 둘째 날이니라
시 내 이 일

창 1:9

祆上帝曰、하나님이 가라사대
천 상 제 왈

天下諸水、천하의 물이
천 하 제 수

宜匯一區、한 곳으로 모이고
의 회 일 구

俾見大陸、뭍이 드러나라 하시매
비 견 대 륙

有如此也、그대로 되니라
유 여 차 야

창 1:10

謂大陸爲地、하나님이 뭍을 땅이라 칭하시고
위 대 륙 위 지

謂匯水爲海、모인 물을 바다라 칭하시니라
위 회 수 위 해

祆上帝視之爲善、하나님의 보시기에 좋았더라
천 상 제 시 지 위 선

창 1:11

祆上帝曰、하나님이 가라사대
천 상 제 왈

地宜生草、땅은 풀과
지 의 생 초

及結實之蔬、씨 맺는 채소와
급 결 실 지 소

結果之樹、맺는 과목을 내라 하시매
결 과 지 수

果懷其核、씨 가진 열매
과 회 기 핵

各從其類、각기 종류대로
각 종 기 류

有如此也、그대로 되어
유 여 차 야

창 1:12

地遂生草、땅이 풀과 (내니)
지 수 생 초

及結實之蔬、씨 맺는 채소와
급 결 실 지 소

結果之樹、맺는 나무를
결 과 지 수

果懷其核、씨 가진 열매
과 회 기 핵

各從其類、각기 종류대로
각 종 기 류

祆上帝視之爲善、하나님의 보시기에 좋았더라
천 상 제 시 지 위 선

창 1:13

有夕有朝、저녁이 되며 아침이 되니
유 석 유 조

是乃三日、○ 이는 세째 날이니라
시 내 삼 일

창 1:14

祆上帝曰、하나님이 가라사대
천 상 제 왈

穹蒼宜有輝光、하늘의 궁창에 광명이 있어
궁 창 의 유 휘 광

以分晝夜、주야를 나뉘게 하라
이 분 주 야

以爲兆象、(또 그 광명으로 하여) 징조와
이 위 조 상

以 定 四 時 年 日、사시와 일자와 연한이 이루라
이 정 사 시 년 일

창 1:15

光 麗 於 天、또 그 광명이 하늘의 궁창에 있어
광 려 어 천

照 臨 於 地、땅에 비취라 하시고
조 림 어 지

有 如 此 也、그대로 되니라
유 여 차 야

창 1:16

天 上 帝 造 二 巨 光、하나님이 두 큰 광명을 만드사
천 상 제 조 이 거 광

大 者 司 晝、큰 광명으로 낮을 주관하게 하시고
대 자 사 주

小 者 司 夜、작은 광명으로 밤을 주관하게 하시며
소 자 사 야

亦 造 星 辰、또 별들을 만드시고
역 조 성 진

창 1:17

置 之 穹 蒼、(하나님이) 그것들을 하늘의 궁창에 두어
치 지 궁 창

照 臨 於 地、땅에 비취게 하시며
조 림 어 지

창 1:18

以司晝夜、주야를 주관하게 하시며
이 사 주 야

以分明晦、빛과 어두움을 나뉘게 하시니라
이 분 명 회

天上帝視之爲善、하나님의 보시기에 좋았더라
천 상 제 시 지 위 선

창 1:19

有夕有朝、저녁이 되며 아침이 되니
유 석 유 조

是乃四日、○ 이는 네째 날이니라
시 내 사 일

창 1:20

天上帝曰、하나님이 가라사대
천 상 제 왈

水宜滋生生物、물들은 생물로 번성케 하라
수 의 자 생 생 물

鳥飛地上、새가 날으라 (땅위) 하시고
조 비 지 상

戾乎穹蒼、하늘의 궁창에는
려 호 궁 창

창 1:21

遂造巨魚、(하나님이) 큰 물고기와
수 조 거 어

曁水中所滋 물에서 번성하여
기 수 중 소 자

生之動物、움직이는 모든 생물을
생 지 동 물

各從其類、그 종류대로
각 종 기 류

又造羽族、날개있는 모든 새를
우 조 우 족

各從其類、그 종류대로 (창조하시니)
각 종 기 류

天上帝視之爲善、하나님의 보시기에 좋았더라
천 상 제 시 지 위 선

창 1:22

祝之曰、하나님이 그들에게 복을 주어 가라사대
축 지 왈

生育衆多、생육하고 번성하여
생 육 중 다

鱗介充牣於海、여러 바다 물에 충만하라
린 개 충 인 어 해

禽鳥繁衍於地、새들도 땅에 번성하라 하시니라
금 조 번 연 어 지

창 1:23

有夕有朝、저녁이 되며 아침이 되니
유 석 유 조

是乃五日、○이는 다섯째 날이니라
시 내 오 일

창 1:24

天上帝曰、하나님이 가라사대
천상제왈

地宜產生生物、땅은 그 생물을 (내되)
지의산생생물

各從其類、그 종류대로
각종기류

牲畜昆蟲走獸、육축과 기는 것과 땅의 짐승을
생축곤충주수

各從其類、종류대로 내라 하시고
각종기류

有如此也、그대로 되니라
유여차야

창 1:25

遂造走獸牲畜、(하나님이) 땅의 짐승을 육축을 (만드시니)
수조주수생축

地上昆蟲、땅에 기는
지상곤충

皆各從其類、모든 것을 그 종류대로)
개각종기류

天上帝視之爲善、하나님의 보시기에 좋았더라
천상제시지위선

창 1:26

天上帝曰、하나님이 가라사대
천상제왈

宜造人、 사람을 만들고
(의 조 인)

其形其象肖我儕、 우리의 형상을 따라 우리의 모양대로
(기 형 기 상 초 아 제)

以治海魚 바다의 고기와
(이 치 해 어)

飛鳥牲畜、 공중의 새와 육축과
(비 조 생 축)

及動於地 (온땅과) 땅에
(급 동 어 지)

上之昆蟲、 기는 모든 것을
(상 지 곤 충)

並治全地、 (모든 것을) 다스리게 하자 하시고
(병 치 전 지)

창 1:27

遂造人、 사람을 창조하시되
(수 조 인)

維肖乎己、 (하나님이) 자기의 형상 (곧)
(유 초 호 기)

象天上帝形、 하나님의 형상대로
(상 천 상 제 형)

造男亦造女、 남자와 여자를 창조하시고
(조 남 역 조 녀)

창 1:28

天上帝祝之曰、하나님이 그들에게 복을 주시며 그들에게 이르시되
천 상 제 축 지 왈

生育衆多、생육하고 번성하여
생 육 중 다

遍滿於地、땅에 충만하라
편 만 어 지

而治理之、땅을 정복하라 (다스리라 하시니라)
이 치 리 지

以統轄海魚飛鳥、바다의 고기와 공중의 새와
이 통 할 해 어 비 조

與地上動物、땅에 움직이는 모든 생물을
여 지 상 동 물

창 1:29

又曰、하나님이 가라사대 (내가)
우 왈

遍地結實之菜蔬、온 지면의 씨 맺는 모든 채소와
편 지 결 실 지 채 소

懷核之樹果、씨 가진 열매 맺는 모든 나무를
회 핵 지 수 과

我予汝以爲食、(내가) 너희에게 주노니 너희 식물이 되리라
아 여 여 이 위 식

창 1:30

至地上走獸、(또) 땅의 모든 짐승과
지 지 상 주 수

空中飛鳥、공중의 모든 새와
공 중 비 조

蟿動於地 땅에 기는 모든 것에게는
기 동 어 지

上之生物、생명이 있어
상 지 생 물

我賜之青 내가 모든 푸른
아 사 지 청

草以爲食、풀을 식물로 주노라 (하시니)
초 이 위 식

有如此也、그대로 되니라
유 여 차 야

창 1:31

祆上帝視凡所 하나님이 보시니
천 상 제 시 범 소

造者盡善、(그) 지으신 모든 것을(보시니) 보시기에 심히 좋았더라
조 자 진 선

有夕有朝、저녁이 되며 아침이 되니
유 석 유 조

是乃六日、이는 여섯째 날이니라
시 내 육 일

創世記 第二章
창 세 기 제 이 장

창 2:1

天地萬物旣成、천지와 만물이 다 이루니라
천 지 만 물 기 성

창 2:2

七日祆上帝 (일곱째 날이) 하나님의
칠 일 천 상 제

造物工竣、지으시던 일이 (이룰때에) 마치니 그 지으시던 일이
조 물 공 준
다하므로 (일곱째 날에)

乃憩息、 안식하시니라
내 게 식

창 2:3

蓋是日祆上帝 하나님이 일곱째 날을 복주사
개 시 일 천 상 제

畢其工而安息、마치시고 안식하였음이더라
필 기 공 이 안 식

遂錫嘏此日 창조하시며 만드시던 모든일을 (이 날에)
수 석 하 차 일

別之爲聖、○ 거룩하게 하셨으니
별 지 위 성

창 2:4

耶和華祆上帝 여호와 하나님이
야 화 화 천 상 제

創造天地之日 、천지를 창조하신때에
창 조 천 지 지 일

其畧如左、(천지의 창조된) 대략이 이러하니라
기 략 여 좌

창 2:5

爾 時 野 無 草 木、들에는 초목이 아직 없었고
이 시 야 무 초 목

田 間 蔬 菜 未 生、밭에는 채소가 나지 아니하였으며
전 간 소 채 미 생

蓋 耶 和 華 祆 上 帝 여호와 하나님이
개 야 화 화 천 상 제

未 降 雨 於 地、땅에 비를 내리지 아니하셨고
미 강 우 어 지

亦 無 人 耕 之、경작할 사람도 없었으므로
역 무 인 경 지

창 2:6

惟 霧 由 地 上 騰、안개만 땅에서 올라와
유 무 유 지 상 등

普 潤 土 壤、온 지면을 적셨더라
보 윤 토 양

창 2:7

耶 和 華 祆 上 帝 여호와 하나님이
야 화 화 천 상 제

摶 土 爲 人、흙으로 사람을 지으시고
단 토 위 인

噓 生 氣 於 其 鼻、생기를 그 코에 불어 넣으시니
허 생 기 어 기 비

乃 成 生 靈、(사람이) 생령이 된지라
내 성 생 령

창 2:8

耶和華祆上帝植 여호와 하나님이
(야 화 화 천 상 제 식)

囿於東方之伊甸、동방의 에덴에
(유 어 동 방 지 이 전)

置所造之 동산을 창설하시고 (거기 두시고)
(치 소 조 지)

人於其間、그 지으신 사람을
(인 어 기 간)

창 2:9

耶和華祆上帝 여호와 하나님이
(야 화 화 천 상 제)

使地生諸樹、나무가 나게 하시니
(사 지 생 제 수)

觀可娛目、보기에 아름답고
(관 가 오 목)

食可適口、먹기에 좋은
(식 가 적 구)

當囿之中、동산 가운데에는
(당 유 지 중)

有生命之樹、생명나무와 (있더라)
(유 생 명 지 수)

及別善惡之樹、선악을 알게하는 나무도
(급 별 선 악 지 수)

창 2:10

有河流自伊甸、강이 에덴에서 발원하여
유 하 류 자 이 전

灌漑其囿、동산을 적시고
관 개 기 유

中分四支、거기서 부터 갈라져 네 근원이 되었으니
중 분 사 지

창 2:11

一曰比遜、첫째의 이름은 비손이라
일 왈 비 손

縈洄於哈腓拉、하윌라 온 땅에 둘렸으며
영 회 어 합 비 랍

其地產金、금이 있는
기 지 산 금

창 2:12

厥金精良、그 땅의 금은 정금이요
궐 금 정 량

亦產珍珠碧玉、그 곳에는 베델리엄과 호마노도 있으며
역 산 진 주 벽 옥

창 2:13

二曰基訓、둘째 강의 이름은 기혼이라
이 왈 기 훈

環流於古實、구스 온 땅에 둘렸고
환 류 어 고 실

창 2:14

三曰希底結、셋째 강의 이름은 힛데겔이라
상 왈 희 저 결

流於亞述東、앗수르 동편으로 흐르며
류 어 아 술 동

四曰伯拉、네째 강은 유브라데더라
사 왈 백 랍

창 2:15

耶和華祆上帝挈 여호와 하나님이 (이끌어)
야 화 화 천 상 제 설

其人置伊甸園、그 사람을 에덴동산에 두사
기 인 치 이 전 유

使之治理監守、그것을 다스리며 지키게 하시고
사 지 치 리 감 수

창 2:16

命之曰、(여호와 하나님이) 그 사람에게 명하며 가라사대
명 지 왈

園中樹果、동산 각종 나무의 실과는
유 중 수 과

任意可食、(네가) 임의로 먹되
임 의 가 식

창 2:17

惟別善惡之樹、선악을 알게하는 나무의
유 별 선 악 지 수

其果不可食、실과는 먹지 말라
기 과 불 가 식

食之日必死、 (네가) 먹는 날에는 ○정녕 죽으리라 (하시니라)
식 지 일 필 사

창 2:18

耶和華祆上帝曰、 여호와 하나님이 가라사대
야 화 화 천 상 제 왈

人獨處非善、 사람의 독처하는 것이 좋지 못하니
인 독 처 비 선

我將作一相 내가 - 지으리라 (하시니라)
아 장 작 일 상

助者以配之、 그를 위하여 돕는 배필을
조 자 이 배 지

창 2:19

耶和華祆上帝以 여호와 하나님이
야 화 화 천 상 제 이

土造野間走獸、 흙으로 각종 들짐승과
토 조 야 간 주 수

空中飛鳥、 공중의 각종 새를 (지으시고)
공 중 비 조

攜至其人前、 그것들을 그에게로 이끌어 이르시니
휴 지 기 인 전

視其稱以何名、 어떻게 이름을 짓나 보시려고
시 기 칭 이 하 명

其所以稱各 (아담이) 각 ~~생물을~~ 일컫는 바가 ~~곧 그 이름이다~~
기 소 이 칭 각

生物者、생물을
생 물 자

卽其物之名也、곧 그 이름이라
즉 기 물 지 명 야

창 2:20

其人於牲畜 아담이 모든 육축과
기 인 어 생 축

飛鳥走獸、공중의 새와 들의 모든 짐승에게
비 조 주 수

各命以名、이름을 주니라
각 명 이 명

惟己無相 아담이 - 없으므로
유 기 무 상

助者配之、돕는 배필이
조 자 배 지

창 2:21

耶和華天上帝 여호와 하나님이
야 화 화 천 상 제

乃令其人酣睡、아담을 깊이 잠들게 하시니 잠들매 그가
내 령 기 인 감 수

取其脇骨之一、그 갈빗대 하나를 취하고
취 기 협 골 지 일

彌縫其肉、살로 대신 채우시고
미 봉 기 육

창 2:22

(여호와 하나님이 아담에게서)

以所取之 취하신 그 ~~갈빗대~~

이 소 취 지

脇骨造女、갈빗대로 여자를 만드시고

협 골 조 녀

攜至其前、그를 아담에게로 이끌어 오시니

휴 지 기 전

창 2:23

其人曰、아담이 가로되

기 인 왈

是乃我骨中之骨、이는 내 뼈 중의 뼈요

시 내 아 골 중 지 골

肉中之肉、살 중의 살이라

육 중 지 육

可稱爲女、여자라 칭하리라

가 칭 위 녀

因自男出也、(이것을) 남자에게서 취하였은즉

인 자 남 출 야

창 2:24

是以人將離父母、이러므로 남자가 부모를 떠나

시 이 인 장 리 부 모

膠漆其妻、그 아내와 연합하여

교 칠 기 처

成爲一體、(둘이) 한 몸을 이룰지로다

성 위 일 체

창 2:25

夫婦並裸、아담과 그아내 두 사람이 벌거벗었으나
부 부 병 라

亦無愧焉、부끄러워 아니하니라
역 무 괴 언

創世記 第三章
창 세 기 제 삼 장

창 3:1

耶和華祆上帝 여호와 하나님의
야 화 화 천 상 제

所造之百獸、지으신 들짐승중에
소 조 지 백 수

惟蛇最狡、뱀이 가장 간교하더라
유 사 최 교

蛇謂婦曰、뱀이 여자에게 물어 가로되
사 위 부 왈

囿中諸樹、동산 모든 나무의
유 중 제 수

祆上帝豈語 하나님이 참으로
천 상 제 기 어

汝勿食乎、너희더러 - 실과를 먹지말라 하시더냐
여 물 식 호

창 3:2

婦曰、여자가 (뱀에게) 말하되
부 왈

囿樹之實(유수지실)、동산 나무의 실과를

我儕可食(아제가식)、우리가 먹을 수 있으나

창 3:3

惟囿之中一樹(유유지중일수)、동산 중앙에 있는 나무의 실과는

天上帝戒之(천상제계지)、하나님의 말씀에

毋食毋捫(무식무문)、먹지도 말고 만지지도 말라

恐致死亡(공치사망)、너희가 죽을까 하노라 (하셨느니라)

창 3:4

蛇曰(사왈)、뱀이 (여자에게) 이르되

爾未必死(이미필사)、너희가 결코 죽지 아니하리라

창 3:5

蓋天上帝知(개천상제지) 하나님이 아심이니라

爾食之日(이식지일)、너희가 그것을 먹는 날에는

爾目必明(이목필명)、너희 눈이 밝아

將如祆上帝、하나님과 같이 되어
장 여 천 상 제

能辨善惡、선악을 알줄을
능 변 선 악

창 3:6

婦視其樹、여자가 그 나무를 본즉
부 시 기 수

食可適口、먹음직도 하고
식 가 적 구

觀可娛目、보암직도 하고
관 가 오 목

且可愛慕、탐스럽기도 한 (나무인지라)
차 가 애 모

益人智慧、지혜롭게 할만큼
익 인 지 혜

遂取果食之、(여자가) 그 실과를 따먹고
수 취 과 식 지

並以遺夫、(자기와) 함께 한 남편에게도 주매
병 이 유 부

夫亦食之、그도 먹은지라
부 역 식 지

창 3:7

二人之目卽明、(이에) 그들의 눈이 밝아
이 인 지 목 즉 명

自知裸體、자기들의 몸이 벗은줄을 알고
자 지 라 체

遂編無花果 무화과 - 엮어 - 하였더라
수 편 무 화 과

葉爲裳、나무 잎을 - 치마를
엽 위 상

창 3:8

晩涼時、(그들이) 날이 서늘할 때에
만 량 시

耶和華天上帝 여호와 하나님의
야 화 화 천 상 제

遊於園、동산에 거니시는
유 어 유

其人與婦聞其聲、음성을 듣고 아담과 그 아내가
기 인 여 부 문 기 성

匿園樹間以避之、(여호와 하나님의 낯을) 피하여 동산 나무 사이에 숨은지라
닉 유 수 간 이 피 지

창 3:9

耶和華天上帝 여호와 하나님이
야 화 화 천 상 제

呼其人曰、(아담을) 부르시며 그에게 이르시되
호 기 인 왈

汝何在、네가 어디 있느냐
여 하 재

창 3:10

曰、가로되
왈

我 聞 爾 聲 於 囿、내가 동산에서 하나님의 소리를 듣고
아 문 이 성 어 유

以 我 裸 故、내가 벗었으므로
이 아 라 고

畏 而 自 匿、두려워하여 숨었나이다
외 이 자 닉

창 3:11

曰、가라사대
왈

孰 語 爾 裸 乎、누가 너의 벗었음을 네게 고하였느냐
숙 어 이 라 호

我 戒 爾 勿 내가 너더러 먹지 말라고 명한
아 계 이 물

食 之 樹 果、그 나무 실과를
식 지 수 과

爾 食 之 乎、네가 먹었느냐
이 식 지 호

창 3:12

曰、(아담이) 가로되
왈

爾 所 賜 偕 我 之 婦、(하나님이) 주셔서 나와 함께 하게 하신 여자 (그가)
이 소 사 해 아 지 부

以樹果子我、그 나무 실과를 내게 주므로
이 수 과 여 아

而我食之、내가 먹었나이다
이 아 식 지

창 3:13

耶和華天上帝 여호와 하나님이
야 화 화 천 상 제

謂婦曰、여자에게 이르시되
위 부 왈

爾何爲耶、네가 어찌하여 이렇게 하였느냐
이 하 위 야

婦曰、여자가 가로되
부 왈

蛇誘我、뱀이 나를 꾀므로
사 유 아

我遂食之、내가 먹었나이다
아 수 식 지

창 3:14

耶和華天上帝 여호와 하나님이
야 화 화 천 상 제

謂蛇曰、뱀에게 이르시되
위 사 왈

爾旣爲此、네가 이렇게 하였으니
이 기 위 차

較之六畜百獸、(네가) 모든 육축과 들의 모든 짐승보다
교 지 육 축 백 수

必更見詛、더욱 저주를 받아
필 경 견 저

且以腹行、배로 다니고
차 이 복 행

畢生食塵、종신토록 흙을 먹을지니라
필 생 식 진

창 3:15

我以仇隙寘 내가 - 원수가 되게 하고
아 이 구 극 치

爾與婦之間、너로 여자와
이 여 부 지 간

爰及苗裔、너의 후손도 (여자의 후손과 원수가 되게 하리니)
원 급 묘 예

彼將傷爾首、(여자의 후손은) 네 머리를 상하게 할 것이요
피 장 상 이 수

爾將傷其踵、너는 그의 발꿈치를 상하게 할 것이니라
이 장 상 기 종

창 3:16

謂婦曰、(또) 여자에게 이르시되
위 부 왈

我必增爾 내가 네게 더하리니
아 필 증 이

懷妊之苦、잉태하는 고통을
회 임 지 고

産育劬勞、(네가) 수고하고 자식을 낳을것이며
산 육 구 로

爾必戀夫、(너는) 남편을 사모하고
이 필 련 부

夫必轄爾、남편은 너를 다스릴것이니라 하시고
부 필 할 이

창 3:17

謂亞當曰、아담에게 이르시되
위 아 당 왈

爾旣聽婦言、네가 네 아내의 말을 듣고
이 기 청 부 언

食我所禁之果、내가 너더러 먹지 말라한 나무 실과를 먹었은즉
식 아 소 금 지 과

土必緣爾見詛、땅은 너로 인하여 저주를 받고
토 필 연 이 견 저

爾畢生勤勞、너는 종신토록 수고하여야
이 필 생 근 로

食其所産、그 소산을 먹으리라
식 기 소 산

창 3:18

土將爲爾叢 땅이 네게
토 장 위 이 총

生荊棘蒺藜、가시덤불과 엉겅퀴를 낼 것이라
생 형 극 질 려

汝所食者、너의 먹을 것은
여 소 식 자

田間之蔬、밭의 채소인즉
전 간 지 소

창 3:19

必汗流浹面、네가 얼굴에 땀이 흘러야
필 한 류 협 면

始可得食、식물을 먹고
시 가 득 식

迨爾歸土、필경은 흙으로 돌아가리니
태 이 귀 토

蓋爾由土出、그 속에서 네가 취함을 입었음이라
개 이 유 토 출

汝本爲土、너는 흙이니
여 본 위 토

終則歸之、흙으로 돌아갈 것이니라 하시니라
종 칙 귀 지

창 3:20

其人名婦曰夏娃、아담이 그 아내를 하와라 이름하였으니
기 인 명 부 왈 하 왜

以其爲羣 그는 모든
이 기 위 군

生之母也、 산 자의 어미가 됨이더라
생 지 모 야

창 3:21

耶和華祆上帝 여호와 하나님이
야 화 화 천 상 제

爲亞當及婦、 아담과 그 아내를 위하여
위 아 당 급 부

作皮衣衣之、 ○ 가죽옷을 지어 입히시니라
작 피 의 의 지

창 3:22

耶和華祆上帝曰、 여호와 하나님이 가라사대
야 화 화 천 상 제 왈

斯人能別善惡、 이 사람이 선악을 아는 일에
사 인 능 별 선 악

彷彿我儕、 우리 중 하나 같이 되었으니
방 불 아 제

恐其擧手、 그가 그 손을 들어
공 기 거 수

亦取生命樹果、 생명나무 실과도 따먹고
역 취 생 명 수 과

食之而永生、 영생할까 하노라 하시고
식 지 이 영 생

창 3:23

遂遣其人 그 사람을 보내어
수 견 기 인

出伊甸園、(여호와 하나님이) 에덴 동산에서 그 사람을 내어 ~~보내어~~
출 이 전 원

以耕所自出之土、그의 근본된 토지를 갈게 하시니라
이 경 소 자 출 지 토

창 3:24

旣逐之出、(이같이 하나님이 그 사람을) 쫓아 내시고
기 축 지 출

又於伊甸園東、에덴 동산 동편에
우 어 이 전 원 동

置基路伯、그룹들과 — 두어
치 기 로 백

與旋轉之焰劍、두루 도는 화염검을
여 선 전 지 염 검

以防守生命 생명나무의 — 지키게 하시니라
이 방 수 생 명

樹之途、길을
수 지 도

創世記第四章
창 세 기 제 사 장

창 4:1

亞當與婦 아담이 그 아내
아 당 여 부

夏娃同室、하와와 동침하매
하 왜 동 실

懷姙生該隱、(하와가) 임태하여 가인을 낳고
회 임 생 해 은

曰、이르되
왈

耶和華使我得男、내가 여호와로 말미암아 득남하였다 하니라
야 화 화 사 아 득 남

창 4:2

又生其弟亞伯、그가 또 가인의 아우 아벨을 낳았는데
우 생 기 제 아 백

亞伯爲牧、아벨은 양치는 자이었고
아 백 위 목

該隱爲農、가인은 농사하는 자이었더라
해 은 위 농

창 4:3

厥後、세월이 지난후에
궐 후

該隱以土所 가인은 땅의 소산으로
해 은 이 토 소

產奉耶和華、제물을 삼아 여호와께 드렸고
산 봉 야 화 화

창 4:4

亞伯亦奉以 아벨은 자기도 - 드렸더니
아 백 역 봉 이

首生之羊與脂、양의 첫 새끼와 기름으로
수 생 지 양 여 지

耶和華眷顧亞伯、여호와께서 아벨과
야 화 화 권 고 아 백

與其祭品、그 제물을 열납하셨으나
여 기 제 품

창 4:5

而不眷顧該隱、가인과 - 열납하지 아니하신지라
이 불 권 고 해 은

與其祭品、그 제물은
여 기 제 품

該隱盛怒變色、가인이 심히 분하여 안색이 변하니
해 은 성 노 변 색

창 4:6

耶和華曰、여호와께서 (가인에게) 이르시되
야 화 화 왈

爾怒奚爲、네가 분하여 함은 어쩜이며
이 노 해 위

變色曷故、안색이 변함은 어쩜이뇨
변 색 갈 고

창 4:7

苟爾行善、네가 선을 행하면
구 이 행 선

豈不歡顔、어찌 낯을 들지 못하겠느냐
기 불 환 안

苟行不善、선을 행치 아니하면
구 행 불 선

서자 얼、거스를 、불효、죄

孼伏於門 (얼 복 어 문)、죄가 문에 엎드리느니라

彼必戀爾 (피 필 련 이)、죄의 소원은 네게 있으나

爾其制之 (이 기 제 지)、너는 죄를 다스릴지니라

창 4:8

該隱以告弟亞伯 (해 은 이 고 제 아 백)、가인이 그 아우 아벨에게 고하니라

在於田間 (재 어 전 간)、(그 후 그들이) 들에 있을 때에

攻而殺之 (공 이 살 지)、(가인이 그 아우 아벨을) 쳐 죽이니라

창 4:9

耶和華謂該隱曰 (야 화 화 위 해 은 왈)、여호와께서 가인에게 이르시되

爾弟亞伯安在 (이 제 아 백 안 재)、네 아우 아벨이 어디 있느냐

曰 (왈)、(그가) 가로되

不知 (불 지)、(내가) 알지 못하나이다

我豈防守 (아 기 방 수) 내가 지키는 자니이까

我弟者乎、내 아우를
아 제 자 호

창 4:10

曰、가라사대
왈

爾何爲耶、네가 무엇을 하였느냐
이 하 위 야

汝弟之血有聲、네 아우의 핏소리가
여 제 지 혈 유 성

自地籲我、땅에서부터 내게 호소하느니라
자 지 유 아

창 4:11

今地啓口、땅이 그 입을 벌려
금 지 계 구

由於爾手、네손에서부터
유 어 이 수

以受汝弟之血、네 아우의 피를 받았은즉
이 수 여 제 지 혈

爾必由地見詛、네가 땅에서 저주를 받으리니
이 필 유 지 견 저

창 4:12

汝耕田、네가 밭 갈아도
여 경 전

地不復效力、땅이 다시는 그 효력을 주지 않을 것이요
지 불 복 효 력

爾必流離於地、너는 땅에서 피하며 유리하는 자가 되리라
이 필 류 리 어 지

창 4:13

갓할해 마땅해
該隱謂耶和華曰、가인이 여호와께 고하되
해 은 위 야 화 화 왈

我刑之重、내 죄벌이 너무 중하여
아 형 지 중

實所不堪、견딜 수 없나이다
실 소 불 감

창 4:14

爾今逐我、(주께서) 오늘 - 나를 쫓아내시온즉
이 금 축 아

더할 비
俾離斯土、이 지면에서
비 리 사 토

볼 적
不復覿爾面、내가 주의 낯을 뵈옵지 못하리니
불 복 적 이 면

流離於地、(내가 땅에서 피하며) 유리하는 자가 될지라
유 리 어 지

遇我者必殺我、(무릇) 나를 만나는 자가 나를 죽이겠나이다
우 아 자 필 살 아

창 4:15

耶和華曰、(여호와께서 그에게) 이르시되 (그렇지 않다)
야 화 화 왈

凡殺該隱者、가인을 죽이는 자는
범 살 해 은 자

受罰七倍、벌을 칠 배나 받으리라 하시고
수 벌 칠 배

乃賜以表記、(가인에게) 표를 주사
내 사 이 표 기

免遇之者擊之、○만나는 누구에게든지 죽임을 면케 하시니라
면 우 지 자 격 지

창 4:16

該隱離耶和華前、가인이 여호와의 앞을 떠나
해 은 리 야 화 화 전

올라갈나 往伊甸東挪得 에덴 동편 놋 ~~땅에 거하였더니~~
왕 이 전 동 나 득

地居焉、땅에 거하였더니
지 거 언

창 4:17

該隱與妻同室、(가인이) 아내와 동침하니
해 은 여 처 동 실

懷妊生以諾、잉태하여 에녹을 낳은지라
회 임 생 이 낙

建城、(가인이) 성을 쌓고
건 성

卽以其子之名、그 아들의 이름으로
즉 이 기 자 지 명

稱爲以諾、(성을 이름하여) 에녹이라 하였더라
칭 위 이 낙

창 4:18

以諾生以拿、에녹이 이랏을 낳았고
이 낙 생 이 나

以拿生米戶雅利、이랏은 므후야엘을 낳았고
이 나 생 미 호 아 리

米戶雅利生 므후야엘은
미 호 아 리 생

차돌마 瑪土撒利、므드사엘을 낳았고
마 토 살 리

瑪土撒利生拉麥、므드사엘은 라멕을 낳았더라
마 토 살 리 생 랍 맥

창 4:19

拉麥娶妻二、라멕이 두 아내를 취하였으니
랍 맥 취 처 이

一名亞大、하나의 이름은 아다요
일 명 아 대

一名洗拉、하나의 이름은 씰라며
일 명 세 랍

창 4:20

亞大生雅八、아다는 야발을 낳았으니
아 대 생 아 팔

爲居幕牧畜者祖、그는 장막에 거하여 육축 치는 자의 조상이 되었고
위 거 막 목 축 자 조

창 4:21

其弟猶八、그 아우의 이름은 유발이니
기 제 유 팔

爲鼓琴品簫者祖、그는 수금과 퉁소를 잡는 모든 자의 조상이 되었으며
위 고 금 품 소 자 조

창 4:22

洗拉生土八該隱、씰라는 두발가인을 낳았으니
세 랍 생 토 팔 해 은

乃造銅鐵諸. 그는 동철로
내 조 동 철 제

利器者祖、(각양) 날카로운 기계를 만드는 자요
리 기 자 조

잡을 나 其妹名拿瑪、(두발가인의) 누이는 나아마 이었더라
기 매 명 나 마

창 4:23

拉麥謂妻曰、라멕이 아내들에게 이르되
랍 맥 위 처 왈

어조사 여 亞大洗拉歟、아다와 씰라여
아 대 세 랍 여

其聞我聲、내 소리를 들으라
기 문 아 성

拉麥之婦歟、라멕의 아내들이여
랍 맥 지 부 여

其聽我言、내 말을 들으라
기 청 아 언

人害我、나의 창상을 인하여
인 해 아

我殺之、내가 사람을 죽였고
아 살 지

少者傷我、나의 상함을 인하여 소년을
소 자 상 아

我戮之、죽였도다
아 륙 지

창 4:24

若殺該隱、가인을 위하여는
약 살 해 은

受罰七倍、벌이 칠 배일진대
수 벌 칠 배

若殺拉麥、라멕을 위하여는
약 살 랍 맥

必受罰七 칠십 칠 배
필 수 벌 칠

十七倍、○ 이리라 하였더라
십 칠 배

창 4:25

亞當復與妻同室、아담이 다시 아내와 동침하매
아 당 복 여 처 동 실

生子命名塞特、그가 아들을 낳아 그 이름을 셋이라 하였으니
생 자 명 명 새 특

曰、이는
왈

祆上帝爲 (천상제위) 하나님이

我立一子、(아립일자) 내게 다른 씨를 주셨다 하이며

以代亞伯、(이대아백) 아벨 대신에

因其爲該隱 (인기위해은) 가인의

所殺也、(소살야) 죽인

창 4:26

塞特亦生子、(새특역생자) 셋도 아들을 낳고

命名以挪士、(명명이나사) 그 이름을 에노스라 하였으며

是時人始籲 (시시인시유) 그 때에 사람들이 비로소

耶和華之名、(야화화지명) 여호와의 이름을 불렀더라

創世記第五章 (창세기제오장)

창 5:1

亞當之裔、(아당지예) 아담 자손의

其譜如左、계보가 이러하니라
기 보 여 좌

祆 上帝造人、하나님이 사람을 창조하실때에
천 상 제 조 인

乃肖其象、하나님의 형상대로 지으시되
내 초 기 상

창 5:2

造男造女、남자와 여자를 창조하셨고
조 남 조 녀

當造之日、그들이 창조되던 날에
당 조 지 일

錫之以嘏、(하나님이 그들에게 복을 주시고)
석 지 이 하

稱之曰人、그들의 이름을 사람이라 일컬으셨더라
칭 지 왈 인

창 5:3

亞當百有 아담이
아 당 백 유

三十歲生子、일백삼십세에 - 아들을 낳아
삼 십 세 생 자

克肖乎己、자기모양 곧 자기 형상과 같은
극 초 호 기

命名塞特、이름을 셋이라 하였고
명 명 새 특

창 5:4

後歷八百年、아담이 셋을 낳은후 팔백년을 지내며

후 력 팔 백 년

猶生子女、자녀를 낳았으며

유 생 자 녀

창 5:5

享壽九百 그가 구백삼십세를 향수하고

향 수 구 백

三十歲而終、○ 죽었더라

삼 십 세 이 종

창 5:6

塞特百有五歲、셋은 일백오세에

새 특 백 유 오 세

生以挪士、에노스를 낳았고

생 이 나 사

창 5:7

後歷八百有七年、에노스를 낳은후 팔백 칠년을 지내며

후 력 팔 백 유 칠 년

猶生子女、자녀를 낳았으며

유 생 자 녀

창 5:8

享壽九百十有 그가 구백십이세를 향수하고

향 수 구 백 십 유

二歲而終、○ 죽었더라

이 세 이 종

창 5:9

以挪士九十 에노스는 구십세에
(이나사구십)

歲生該南、게난을 낳았고
(세생해남)

창 5:10

後歷八百十五年、게난을 낳은후 팔백십오년을 지내며
(후력팔백십오년)

猶生子女、자녀를 낳았으며
(유생자녀)

창 5:11

享壽九百有 그가 구백오세를 향수하고
(향수구백유)

五歲而終、○죽었더라
(오세이종)

창 5:12

該南七十歲 게난은 칠십세에
(해남칠십세)

生瑪勒列、마할랄렐을 낳았고
(생마륵열)

창 5:13

後歷八百四十年、마할랄렐을 낳은후 팔백사십년을 지내며
(후력팔백사십년)

猶生子女、자녀를 낳았으며
(유생자녀)

창 5:14

享壽九百有 그가 구백십세를 향수하고
향 수 구 백 유

十歲而終、○ 죽었더라
십 세 이 종

창 5:15

瑪勒列六十 마할랄렐은 육십오세에
마 륵 열 육 십

五歲生雅列、야렛을 낳았고
오 세 생 아 열

창 5:16

後歷八百三十年、야렛을 낳은후 팔백삼십년을 지내며
후 력 팔 백 삼 십 년

猶生子女、자녀를 낳았으며
유 생 자 녀

창 5:17

享壽八百九 그가 팔백구십오세를 향수하고
향 수 팔 백 구

十五歲而終、○ 죽었더라
십 오 세 이 종

창 5:18

雅列百六十 야렛은 일백육십이세에
아 열 백 육 십

二歲生以諾、에녹을 낳았고
이 세 생 이 낙

창 5:19

後 歷 八 百 年、
후 력 팔 백 년

猶 生 子 女、
유 생 자 녀

창 5:20

享 壽 九 百 六
향 수 구 백 육

十 二 歲 而 終、
십 이 세 이 종

창 5:21

以 諾 六 十 五
이 낙 육 십 오

歲 生 瑪 土 撒 拉、
세 생 마 토 살 랍

창 5:22

後 與 天 上 帝 偕 行、
후 여 천 상 제 해 행

歷 三 百 年、
력 삼 백 년

猶 生 子 女、
유 생 자 녀

창 5:23

享 壽 三 百
향 수 삼 백

六十五歲、 하였더라
육 십 오 세

창 5:24

以諾與祆 에녹이
이 낙 여 천

上帝偕行、 하나님과 동행하더니
상 제 해 행

祆上帝接之、 하나님이 그를 데려가시므로
천 상 제 접 지

遂不在焉、○ 세상에 있지 아니하였더라
수 불 재 언

창 5:25

瑪土撒拉百八 므두셀라는 일백팔십칠세
마 토 살 랍 백 팔
에

十七歲生拉麥、 라멕을 낳았고
십 칠 세 생 랍 맥

창 5:26

後歷七百 라멕을 낳은 후 칠백
후 력 칠 백

八十二年、 팔십이년을
팔 십 이 년

猶生子女、 지내며 자녀를 낳았으며
유 생 자 녀

창 5:27

享壽九百六 구백육십 - 향수하고
향 수 구 백 육

十九歲而終、 ○구세를 - 죽었더라
십 구 세 이 종

창 5:28

拉麥百八十 라멕은 일백 팔십
랍 맥 백 팔 십

二歲生子、 이세에 아들을 낳고
이 세 생 자

창 5:29

命名挪亞、 이름을 노아라 하여
명 명 나 아

曰、 가로되
왈

耶和華詛地、 여호와께서 땅을 저주하시므로
야 화 화 저 지

使我操作勞苦、 수고로이 일하는 우리를
사 아 조 작 로 고

此子必慰藉我、 이 아들이 안위하리라 하였더라
차 자 필 위 자 아

창 5:30

後拉麥歷五 라멕이 노아를 낳은후
후 랍 맥 력 오

百九十五年、 오백구십오년을 지내며
백 구 십 오 년

猶生子女、자녀를 낳았으며
유 생 자 녀

창 5:31

享壽七百七 그는 칠백 칠십칠세를 향수하고
향 수 칠 백 칠

十七歲而終、○ 죽었더라
십 칠 세 이 종

창 5:32

挪亞五百歲、노아가 오백세 된 후에
나 아 오 백 세

生閃、셈과 - 낳았더라
생 섬

含、 함과
함

雅弗、야벳을
아 불

創世記第六章
창 세 기 제 륙 장

창 6:1

人民繁衍於地、사람이 땅위에 번성하기 시작할때에 그들에게서
인 민 번 연 어 지

乃生女子、딸들이 나니
내 생 녀 자

창 6:2

祆上帝子 하나님의 아들들이
천 상 제 자

見其豔麗、 사람의 딸들의 아름다움을 보고
견 기 염 려

隨意遴選、 자기들의 좋아하는 모든 자로
수 의 린 선

娶以爲室、 아내를 삼은지라
취 이 위 실

창 6:3

耶和華曰、 여호와께서 가라사대
야 화 화 왈

人既屬乎形軀、 이는 그들이 육체가 됨이라
인 기 속 호 형 구

我神必不 나의 신이 - 아니하리니
아 신 필 불

恆居其中、 영원히 사람과 함께하지
긍 거 기 중

然其時日、 그러나 그들의 날은
연 기 시 일

尙可延至一 되리라 하시니라
상 가 연 지 일

百二十年、 일백이십년이
백 이 십 년

창 6:4

時、당시에
시

有偉人在世、땅에 네피림(장부가)이 있었고
유 위 인 재 세

厥後、그 후에도
궐 후

天上帝子與世 하나님의 아들들이
천 상 제 자 여 세

人之女同室、사람의 딸들을 취하여
인 지 녀 동 실

生子爲上古英武 자식을 낳았으니 그들이 용사라 고대에
생 자 위 상 고 영 무

有名之人、○ 유명한 사람이었더라
유 명 지 인

창 6:5

耶和華鑒觀世人、여호와께서 사람의 – 세상에 – 보시고
야 화 화 감 관 세 인

罪惡貫盈、죄악이 – 관영함과
죄 악 관 영

心所圖維、그 마음의 생각의 모든 계획이
심 소 도 유

恆爲邪慝、항상 악할 뿐임을
긍 위 사 특

창 6:6

乃悔造人於地、 땅위에 사람 지으셨음을 한탄하사
내 회 조 인 어 지

心焉憂之、 마음에 근심하시고
심 언 우 지

창 6:7

耶和華曰、 가라사대
야 화 화 왈

將以我所造之人、 나의 창조한 사람을
장 이 아 소 조 지 인

以及牲畜昆 사람으로부터 육축과
이 급 생 축 곤

蟲飛鳥、 기는 것과 공중의 새까지 그리하리니
충 비 조

翦滅於地、 지면에서 쓸어버리되
전 멸 어 지

蓋我造之而悔矣、 이는 내가 그것을 지었음을 한탄함이니라 하시니라
개 아 조 지 이 회 의

창 6:8

惟挪亞沾恩於 그러나 노아는 은혜를 입었더라
유 나 아 첨 은 어

耶和華前、 ○ 여호와께
야 화 화 전

창 6:9

挪亞世紀、 노아의 사적은
나 아 세 기

其畧如左、이러하니라
기 략 여 좌

彼乃義人、노아는 의인이요
피 내 의 인

於當世爲完人、당세에 완전한 자라
어 당 세 위 완 인

與天上帝偕行、그가 하나님과 동행하였으며
여 천 상 제 해 행

창 6:10

所生三子、그가 세 아들을 낳았으니
소 생 삼 자

閃、셈과
섬

含、함과
함

雅弗、야벳이라
아 불

창 6:11

擧世敗壞於 때에 온 땅이 패괴하여
거 세 패 괴 어

天上帝前、하나님 앞에서
천 상 제 전

強暴充塞、강포가 땅에 충만한지라
강 폭 충 새

창 6:12

祆上帝見世敗壞、하나님이 보신즉 땅이 패괴하였으니
천 상 제 견 세 패 괴

凡有血氣者、이는 땅에서 모든 혈육 있는자의
범 유 혈 기 자

行爲邪僻、○행위가 패괴함이었더라-
행 위 사 벽

창 6:13

祆上帝諭挪亞曰、하나님이 노아에게 이르시되
천 상 제 유 나 아 왈

凡有血氣者、모든 혈육 있는자의
범 유 혈 기 자

厥期已盡、그 끝날이 내 앞에 이르렀으니
궐 기 이 진

蓋其強暴 강포가
개 기 강 폭

遍滿於地、땅에 가득하므로
편 만 어 지

我將併地而滅之、내가 그들을 땅과 함께 멸하리라
아 장 병 지 이 멸 지

창 6:14

爾以柏木造方舟、너는 잣나무로 너를 위하여 방주를 짓되
이 이 백 목 조 방 주

中分爲艙、그 안에 간들을 막고
중 분 위 창

内外塗以瀝青、역청으로 그 안팎에 칠하라
내 외 도 이 력 청

창 6:15

其式長三百肘、그 방주의 제도는 이러하니 장이 삼백 규빗
기 식 장 삼 백 주

廣五十肘、광이 오십 규빗
광 오 십 주

高三十肘、고가 삼십 규빗이며
고 삼 십 주

창 6:16

舟上作牖、거기 창을 내되
주 상 작 유

高一肘、위에서부터 한 규빗에 내고
고 일 주

旁置一門、그 문은 옆으로 내고.
방 치 일 문

必作三層、삼 층으로 할지니라
필 작 삼 층

分上中下焉、상중하
분 상 중 하 언

창 6:17

我必使洪水 내가 홍수를
아 필 사 홍 수

汎濫於地、땅에 일으켜
범 람 어 지

以滅天下有 천하에서 멸절하리니
이 멸 천 하 유

血氣之生物、무릇 생명의 기식있는 육체를
혈 기 지 생 물

凡在地者、땅에 있는 자가
범 재 지 자

淪胥以亡、다 죽으리라
륜 서 이 망

창 6:18

惟我與爾約、그러나 너와는 내가 내 언약을 세우리니
유 아 여 이 약

爾與妻子及媳、너는 네 아들들과 네 아내와 네 자부들과 함께
이 여 처 자 급 식

悉入於舟、그 방주로 들어가고
실 입 어 주

창 6:19

將諸生物族類、혈육있는 모든 생물을 너는 각기
장 제 생 물 족 류

牝牡各一、암수 한 쌍씩
빈 모 각 일

挈之入舟、방주로 이끌어 들여
설 지 입 주

同保厥生、너와 함께 생명을 보존케 하되
동 보 궐 생

창 6:20

禽鳥牲畜昆蟲、 새가 그 종류대로 육축이 땅에 기는
금 조 생 축 곤 충

皆各從其類、 그 모든 것이 그 종류대로
개 각 종 기 류

須以偶至、 각기 둘씩 네게로 나아오리니
수 이 우 지

以全其生、 그 생명을 보존케 하라
이 전 기 생

창 6:21

蓄諸食品、 너는 먹을 모든 식물을 네게로 가져다가 저축하라
축 제 식 품

備爾與物所食、 이것이 너와 그들의 식물이 되리라
비 이 여 물 소 식

창 6:22

挪亞悉遵天上帝 노아가 그와 같이 하되 하나님이
나 아 실 준 천 상 제

命而行、 자기에게 명하신대로 다 준행하였더라
명 이 행

創世記 第七章
창 세 기 제 칠 장

창 7:1

耶和華諭挪亞曰、 여호와께서 노아에게 이르시되
야 화 화 유 나 아 왈

爾與眷屬、 너와 네 온 집은
이 여 권 속

可入方舟、방주로 들어가라
가 입 방 주

蓋於斯世、내가 이 세대에
개 어 사 세

我視爾爲義也、내 앞에서 의로움을 내가 보았음이니라
아 시 이 위 의 야

창 7:2

取畜之潔者、너는 모든 정결한 짐승은 (네게로 취하여)
취 축 지 결 자

牝牡各七、암수 일곱씩
빈 모 각 칠

不潔者、부정한 것은
불 결 자

牝牡二、암수 둘씩을(네게로 취하여)
빈 모 이

창 7:3

飛鳥亦取 공중의 새도 - 취하여
비 조 역 취

雌雄各七、암수 일곱씩을
자 웅 각 칠

以存其種、그 씨를
이 존 기 종

生於全地、온 지면에 유전케 하라
생 어 전 지

창 7:4

蓋越七日、 지금부터 칠일이면
개 월 칠 일

我將降雨於地、 내가 - 땅에 비를 내려
아 장 강 우 어 지

四十晝夜、 사십주야를
사 십 주 야

以殲所造之生物、 나의 지은 모든 생물을 지면에서 쓸어 버리리라
이 섬 소 조 지 생 물

창 7:5

挪亞悉遵耶 노아가 여호와께서 자기에게
나 아 실 준 야

和華命而行、 ○명하신대로 다 준행하였더라
화 화 명 이 행

창 7:6

洪水淹地時、 홍수가 땅에 있을 때에
홍 수 엄 지 시

挪亞六百歲、 노아가 육백 세라
나 아 육 백 세

창 7:7

與其妻子及媳、 노아가 아들들과 아내와 자부들과
여 기 처 자 급 식

俱入方舟以避之、 함께 홍수를 피하여 방주에 들어갔고
구 입 방 주 이 피 지

창 7:8

畜之潔與不潔者、 정결한 짐승과 부정한 짐승과
축 지 결 여 불 결 자

禽鳥及昆蟲、 새와 땅에 기는 모든 것이
금 조 급 곤 충

창 7:9

牝牡爲偶、 암수 둘씩
빈 모 위 우

隨挪亞入舟、 노아에게 나아와 방주로 들어갔더니
수 나 아 입 주

循天上帝所命、 하나님이 노아에게 명하신 대로
순 천 상 제 소 명

창 7:10

七日後、 칠 일 후에
칠 일 후

洪水氾濫於地、 홍수가 땅에 덮이니
홍 수 범 람 어 지

창 7:11

適挪亞六百歲、 노아 육백 세 되던 해
적 나 아 육 백 세

二月十七日、 이월 곧 그달 십칠일이라 그 날에
이 월 십 칠 일

巨淵闢其泉、 큰 깊음의 샘들이 터지며
거 연 벽 기 천

穹蒼啓其牖、 하늘의 창들이 열려
궁 창 계 기 유

창 7:12

雨降於地、비가 땅에 쏟아졌더라
우 강 어 지

四十晝夜、○ 사십주야를
사 십 주 야

창 7:13

是日挪亞與其妻、곧 그날에 노아와 그의 아들 셈 노아의 처와
시 일 나 아 여 기 처

及三子、
급 삼 자

閃、셈
섬

含、함
함

雅弗、야벳과
아 불

曁三子之婦、세 자부가
기 삼 자 지 부

悉入方舟、다 방주로 들어갔고
실 입 방 주

창 7:14

百獸六畜、(그들과) 모든 들짐승이 모든 육축이
백 수 육 축

昆蟲禽鳥諸族、땅에 기는 모든 것이 새 곧 각양의 새가
곤 충 금 조 제 족

皆 各 從 其 類、그 종류대로
개 각 종 기 류

창 7:15

凡 有 血 氣 之 生 物、무릇 기식이 있는 육체가
범 유 혈 기 지 생 물

各 以 匹 偶、둘씩
각 이 필 우

就 挪 亞 入 舟、노아에게 나아와 방주로 들어갔으니
취 나 아 입 주

창 7:16

凡 入 舟 有 들어간 것들은
범 입 주 유

血 氣 之 物、(혈기 있는 모든 것의)
혈 기 지 물

有 牝 有 牡、암수라
유 빈 유 모

循 天 上 帝 所 命、하나님이 그에게 명하신대로 들어가매
순 천 상 제 소 명

耶 和 華 閉 之 舟 中、여호와께서 그를 닫아 넣으시니라
야 화 화 폐 지 주 중

창 7:17

洪 水 氾 濫 四 旬、홍수가 땅에 사십 일을 있었는지라
홍 수 범 람 사 순

水 勢 洶 湧、물이 많아져
수 세 흉 용

舟浮於地、방주가 땅에서 떠올랐고
(주 부 어 지)

창 7:18

水愈漲溢、물이 더 많아져 땅에 창일하매
(수 유 창 일)

舟溯洄於水面、방주가 물 위에 떠다녔으며
(주 소 회 어 수 면)

창 7:19

水勢橫流已甚、물이 땅에 더욱 창일하매
(수 세 횡 류 이 심)

天下崇山、천하에 높은 산이
(천 하 숭 산)

俱爲湮沒、다 덮였더니
(구 위 인 몰)

창 7:20

水高於山、물이 불어서
(수 고 어 산)

十有五肘、십오 규빗이 오른매
(십 유 오 주)

岑巖悉沒、산들이 덮인지라
(잠 암 실 몰)

창 7:21

地上衆生、땅 위에 움직이는 생물이
(지 상 중 생)

飛鳥、곧 새와
(비 조)

六畜、육축과
(육 축)

百獸、들짐승과
(백 수)

昆蟲、땅에 기는 모든것과
(곤 충)

以及人類、모든 사람이라
(이 급 인 류)

盡皆滅亡、다 죽었으니
(진 개 멸 망)

창 7:22

凡在陸地、육지에 있어
(범 재 륙 지)

有鼻可通呼吸者、코로 생물의 기식을 호흡하는 것은
(유 비 가 통 호 흡 자)

咸就淪喪、다 죽었더라
(함 취 륜 상)

창 7:23

地上衆生、지면의 모든 생물을
(지 상 중 생)

人及牲畜、곧 사람과
(인 급 생 축)

昆蟲、기는 것과
곤 충

禽鳥、짐승과 - 공중의 새까지라
금 조

悉滅於地、쓸어 버리시니
실 멸 어 지

獨挪亞與在 (이들은 땅에서 쓸어버림을 당하였으되)
독 나 아 여 재
홀로 노아와 함께

舟者得存、방주에 있던자만 남았더라
주 자 득 존

창 7:24

水溢於地、물이 - 땅에 창일하였더라
수 일 어 지

凡一百五十日、일백오십 일을
범 일 백 오 십 일

創世記第八章
창 세 기 제 팔 장

창 8:1

祆上帝眷念挪亞、하나님이 노아와 - 권념하사
천 상 제 권 념 나 아

曁同舟之 그와 함께 방주에 있는
기 동 주 지

百獸六畜、모든 들짐승과 육축을
백 수 육 축

命風吹地、바람으로 땅 위에 불게 하시매
(령 풍 취 지)

水勢漸殺、물이 감하였고
(수 세 점 살)

창 8:2

淵之泉、깊음의 샘과
(연 지 천)

天之隙、하늘의 창이
(천 지 극)

俱已閉塞、막히고
(구 이 폐 색)

霪雨旣止、하늘에서 비가 그치매
(음 우 기 지)

창 8:3

水由地漸退、물이 땅에서 물러가고 점점 물러가서
(수 유 지 점 퇴)

歷百有五十 일백 오십 일 후에
(력 백 유 오 십)

日而始消、감하고
(일 이 시 소)

창 8:4

七月十七日、칠월 곧 그 달 십칠일에
(칠 월 십 칠 일)

舟停於亞拉臘山、방주가 아라랏산에 머물렀으며
(주 정 어 아 랍 랍 산)

창 8:5

水勢漸消、물이 점점 감하여
수세점소

迨十月朔、시월 곧 그 달 일일에
태십월삭

山巓始見、○산들의 봉우리가 보였더라
산전시견

창 8:6

越四旬、사십 일을 지내서
월사순

挪亞啟舟之牖、노아가 그 방주에 지은 창을 열고
나아계주지유

창 8:7

放一鴉出、까마귀를 내어 놓으매
방일아출

鴉飛翔還往、까마귀가 - 날아 왕래하였더라
아비상환왕

以待水涸、물이 땅에서 마르기까지
이대수학

창 8:8

又放一鴿出、그가 또 비둘기를 내어 놓아
우방일합출

欲視水退與否、지면에 물이 감한 여부를 알고자 하매
욕시수퇴여부

창 8:9

鴿無止足處、비둘기가 접족할 곳을 찾지 못하고
합 우 지 족 처

仍返於舟、방주로 돌아와 그에게로 오는지라
잉 반 어 주

挪亞以手接入、그가 손을 내밀어 방주 속 자기에게로 받아들이고
나 아 이 수 접 입

蓋水尙瀰 물이 있으므로
개 수 상 미

漫地面也、온 지면에 ~~물이 있으므로~~
만 지 면 야

창 8:10

又待七日、또 칠 일을 기다려
우 대 칠 일

復放鴿出、다시 비둘기를 내어 놓으매
복 방 합 출

창 8:11

薄暮鴿歸 저녁때에 비둘기가 그에게로 돌아왔는데
박 모 합 귀

口啣橄欖新葉、그 입에 감람 새 잎사귀가 있는지라
구 함 감 람 신 엽

挪亞則知水退矣、이에 노아가 땅에 물이 감한 줄 알았으며
나 아 칙 지 수 퇴 의

창 8:12

更待七日、또 칠 일을 기다려
경 대 칠 일

放其鴿、비둘기를 내어 놓으매
방 기 합

不復返、다시는 그에게로 돌아오지 아니하였더라
불 복 반

창 8:13

適挪亞六
적 나 아 육

百有一歲、육백일년
백 유 일 세

正月朔、정월 곧 그 달 일일에
정 월 삭

地上之水盡涸、지면에 물이 걷힌지라
지 상 지 수 진 학

挪亞遂撤舟蓋、노아가 방주 뚜껑을 제치고
나 아 수 철 주 개

見土壤已乾、본즉 지면에 물이 걷혔더니
견 토 양 이 건

창 8:14

二月二十七日、이월 이십칠일에
이 월 이 십 칠 일

地已燥、○ 땅이 말랐더라
지 이 조

창 8:15

天上帝諭挪亞曰、하나님이 노아에게 말씀하여 가라사대
천 상 제 유 나 아 왈

창 8:16

爾與妻子及媳、 너는 네 아내와 네 아들들과 네 자부들로 더불어
(이 여 처 자 급 식)

可出方舟、 방주에서 나오고
(가 출 방 주)

창 8:17

凡偕爾之生物、 너와 함께 한 모든 혈육있는 생물
(범 해 이 지 생 물)

卽禽鳥、 곧 새와
(즉 금 조)

牲畜、 육축과
(생 축)

昆蟲、 땅에 기는 모든 것을
(곤 충)

皆挈之出、 다 이끌어 내라
(개 설 지 출)

使孳生産育、 이것들이 땅에서 생육하고
(사 자 생 산 육)

繁衍於地、 땅에서 번성하리라 하시매
(번 연 어 지)

창 8:18

挪亞乃與妻 노아가 - 그 아내와
(나 아 내 여 처)

子及媳俱出、 그 아들들과 - 그 자부들과 함께 나왔고
(자 급 식 구 출)

창 8:19

百獸、
백수

昆蟲、
곤충

禽鳥、
금조

地上諸動物、
지상제동물

各從其類、
각종기류

咸出方舟、
함출방주

창 8:20

挪亞爲耶和華
나아위야화화

築壇、
축단

取各類禽畜
취각류금축

之潔者、
지결자

獻燔祭於其上、
헌번제어기상

창 8:21

耶和華聞其馨香、 여호와께서 그 향기를 흠향하시고
야 화 화 문 기 형 향

意謂人自幼時、 그 중심에 이르시되 어려서부터
의 위 인 자 유 시

衷懷邪慝、 이는 사람의 마음의 계획하는 바가 악함이라
충 회 사 특

嗣後我不緣 내가 다시는 사람으로 인하여
사 후 아 불 연

之詛地、 땅을 저주하지 아니하리니
지 저 지

不復殄滅生物、 모든 생물을 멸하지 아니하리니
불 복 진 멸 생 물

如前所爲、 내가 전에 행한 것같이
여 전 소 위

창 8:22

地存之時、 땅이 있을 동안에는
지 존 지 시

稼穡寒暑、 심음과 거둠과 추위와 더위와
가 색 한 서

冬夏晝夜、 여름과 겨울과 낮과 밤이
동 하 주 야

永不間絕、 쉬지 아니하리라
영 불 간 절

創世記第九章
창 세 기 제 구 장

창 9:1

天上帝錫嘏挪亞、 하나님이 노아와 복을 주시며
천 상 제 석 하 나 아

及其子曰、 그 아들들에게 그들에게 이르시되
급 기 자 왈

生育衆多、 생육하고 번성하여
생 육 중 다

遍滿於地、 땅에 충만하라
편 만 어 지

창 9:2

地上走獸、 땅의 모든 짐승과
지 상 주 수

空中飛鳥、 공중의 모든 새와
공 중 비 조

於爾是畏是懼、 너희를 두려워하며 너희를 무서워하리니
어 이 시 외 시 구

以及各類昆蟲、 땅에 기는 모든 것과
이 급 각 류 곤 충

海中諸魚、 바다의 모든 고기가
해 중 제 어

悉付爾手、 이들은 너희 손에 붙이웠음이라
실 부 이 수

창 9:3

凡有生之動物、 무릇 산 동물은
범 유 생 지 동 물

皆爲爾食、너희의 식물이 될지라
개 위 이 식

悉以賜爾、내가 이것을 다 너희에게 주노라
실 이 사 이

如菜蔬然、채소같이
여 채 소 연

창 9:4

惟肉有血、그러나 고기를
유 육 유 혈

卽其生命、그 생명되는
즉 기 생 명

毋食、피 채 먹지 말 것이니라
무 식

창 9:5

有流爾血、내가 반드시 너희 피
유 류 이 혈

害爾命者、너희 생명의 피를 ~~찾으리니~~
해 이 명 자

或獸或人、짐승이면 짐승에게서 사람이나 그의 형제면 그에게서
혹 수 혹 인

我必討之、찾으리라
아 필 토 지

凡害人命者、그의 생명을
범 해 인 명 자

我必討之、찾으리라
아 필 토 지

창 9:6

凡流人血者、무릇 사람의 피를 흘리면
범 류 인 혈 자

人必流其血、사람이 그 피를 흘릴것이니
인 필 류 기 혈

蓋天上帝造人、이는 하나님이 사람을 지으셨음이라
개 천 상 제 조 인

乃肖己象也、자기의 형상대로
내 초 기 상 야

창 9:7

爾其生育衆多、너희는 생육하고 번성하여
이 기 생 육 중 다

昌熾繁衍於地、땅에 편만하여 그중에서 번성하라 하셨더라
창 치 번 연 어 지

창 9:8

天上帝諭挪亞、하나님이 노아와
천 상 제 유 나 아

與其子曰、그와 함께 한 아들들에게 일러 가라사대
여 기 자 왈

창 9:9

我與爾約、내가 내 언약을
아 여 이 약

及爾後裔、너희와 너희 후손과
급 이 후 예

창 9:10

並偕爾之生物、너희와 함께 한 모든 생물
병 해 이 지 생 물

即飛鳥、곧 너희와 함께 한 새와
즉 비 조

六畜、육축과
육 축

走獸、땅의 모든 생물에게 세우리니
주 수

凡出自方舟、방주에서 나온
범 출 자 방 주

在於陸地者、모든것 곧 땅의 모든 짐승에게니라
재 어 륙 지 자

창 9:11

我與爾約、내가 너희와 언약을 세우리니
아 여 이 약

不復以洪水、다시는 홍수로 멸하지 아니할것이라
불 복 이 홍 수

滅衆生、모든 생물을
멸 중 생

不復以洪水湮地、땅을 침몰할 홍수가 다시 있지 아니하리라
불 복 이 홍 수 인 지

창 9:12

天上帝曰、하나님이 가라사대
천 상 제 왈

我與爾曁偕 내가 나와 너희와 및
아 여 이 기 해

爾之生物、너희와 함께 하는 모든 생물 사이에
이 지 생 물

立約有徵、세우는 언약의 증거는 이것이라
립 약 유 징

以至永世、영세까지
이 지 영 세

창 9:13

置虹雲中、내 무지개를 구름 중에 두었나니
치 홍 운 중

爲我與世、내가 이것이 나와 세상과의
위 아 여 세

立約之徵、언약의 증거니라
립 약 지 징

창 9:14

雲覆地時、내가 구름으로 땅을 덮을 때에
운 복 지 시

虹見雲中、무지개가 구름 속에 나타나면
홍 견 운 중

창 9:15

我則念我與爾衆、내가 나와 너희와
아 칙 념 아 여 이 중

及凡有血氣 급범유혈기 및 혈기 있는 모든

之生物、 지생물 생물 사이의

所立之約、 소립지약 내 언약을 기억하리니

不復以洪水 불복이홍수 다시는 물이 홍수가 되지 아니할지라

滅衆生、 멸중생 모든 혈기 있는 자를 멸하는

창 9:16

虹在雲中、 홍재운중 무지개가 구름 사이에 있으리니

我則觀之、 아칙관지 내가 보고

以記祆上帝與地上 이기천상제여지상 나 하나님과 땅의

凡有血氣之生物、 범유혈기지생물 무릇 혈기 있는 모든 생물 사이에

所立之永約、 소립지영약 된 영원한 언약을 기억하리라

창 9:17

祆上帝諭挪亞曰、 천상제유나아왈 하나님이 노아에게 또 이르시되

我與地上衆、내가 나와 땅에 있는 모든생물 사이에
아 여 지 상 중

生所立之約、세운 언약의
생 소 립 지 약

此爲其徵、○ 증거가 이것이라 하셨더라
차 위 기 징

창 9:18

挪亞子出方舟者、방주에서 나온 노아의 아들들은
나 아 자 출 방 주 자

卽閃、셈과
즉 섬

含、함과
함

雅弗、야벳이며
아 불

含生迦南、함은 가나안의 아비라
함 생 가 남

창 9:19

由挪亞三子、노아의 이 세 아들로 좇아
유 나 아 삼 자

人民遍滿於地、○ 백성이 온 땅에 퍼지니라
인 민 편 만 어 지

창 9:20

挪亞爲農、노아가 농업을 시작하여
나 아 위 농

植葡萄園、포도나무를 심었더니
식포도원

창 9:21

飮酒而醉、포도주를 마시고 취하여
음주이취

裸體幕中、그 장막안에서 벌거벗은지라
라체막중

창 9:22

迦南父含、가나안의 아비 함이
가남부함

見父裸體、그 아비의 하체를 보고
견부라체

出告昆弟、밖으로 나가서 두 형제에게 고하매
출고곤제

창 9:23

閃與雅弗、셈과 야벳이
섬여아불

荷衣於肩、옷을 취하여 자기들의 어깨에 메고
하의어견

卻行而前、뒷걸음쳐 들어가서
각행이전

以蔽父體、아비의 하체에 덮었으며
이폐부체

背面不見父裸、그들의 얼굴을 돌이키고 그 아비의 하체를 보지 아니하였더라
배면불견부라

창 9:24

挪亞醉醒、노아가 술이 깨어
(나 아 취 성)

方知仲子所爲、그 작은 아들이 자기에게 행한 일을 알고
(방 지 중 자 소 위)

창 9:25

曰、이에 가로되
(왈)

迦南可詛、가나안은 저주를 받아
(가 남 가 저)

必於昆弟爲 그 형제의
(필 어 곤 제 위) - 우선하노라

奴之隸、종들의 종이 되기를
(노 지 례)

창 9:26

又曰、또 가로되
(우 왈)

閃之天上帝 셈의 하나님
(섬 지 천 상 제)

耶和華、여호와를
(야 화 화)

宜頌美焉、찬송하리로다
(의 송 미 언)

迦南爲閃之僕、가나안은 셈의 종이 되고
(가 남 위 섬 지 복)

창 9:27

願祆上帝 하나님이
(원천상제)

昌大雅弗、야벳을 창대케 하사
(창대아불)

使居閃幕、셈의 장막에 거하게 하시고
(사거섬막)

迦南亦爲其僕、 가나안은 그의 종이 되게 하시기를 원하노라 하였더라
(가남역위기복)

창 9:28

洪水後、홍수 후에
(홍수후)

挪亞尙歷三 노아가 - 지내었고
(나아상력삼)

百五十年、삼백 오십 년을
(백오십년)

창 9:29

享壽九百五 향년이 구백오십
(향수구백오)

十歲而終、세에 죽었더라
(십세이종)

創世記 第十章
(창세기 제십장)

창 10:1

挪亞子閃、노아의 아들 셈과
(나 아 자 섬)

含、함과
(함)

雅弗、야벳의
(아 불)

洪水後生子、홍수 후에 그들이 아들들을 낳았으니
(홍 수 후 생 자)

其裔如左、후예는 이러하니라
(기 예 여 좌)

창 10:2

雅弗之子、야벳의 아들은
(아 불 지 자)

歌篾、고멜과
(가 멸)

瑪各、마곡과
(마 각)

瑪代、마대와
(마 대)

雅完、야완과
(아 완)

土巴、두발과
(토 파)

米設、메섹과
(미 설)

提(제) 拉(랍) 、디라스요

창 10:3

歌(가) 篾(멸) 之(지) 子(자) 、고멜의 아들은

亞(아) 實(실) 基(기) 拿(나) 、아스그나스와

利(리) 法(법) 、리밧과

陀(타) 迦(가) 瑪(마) 、도갈마요

창 10:4

雅(아) 完(완) 之(지) 子(자) 、야완의 아들은

以(이) 利(리) 沙(사) 、엘리사와

他(타) 施(시) 、달시스와

基(기) 提(제) 、깃딤과

多(다) 單(단) 、도다님이라

창 10:5

此(자) 數(수) 人(인) 散(산) 處(처) 州(주) 島(도) 、

이들로부터 여러나라 백성으로 나뉘어서

– 땅에 머물렀더라

各爲方言、각기 방언과
각위방언

族姓、종족과
족성

邦國、○ 나라대로
방국

창 10:6

含之子、함의 아들은
함지자

古實、구스와
고실

麥西、미스라임과
맥서

弗、붓과
불

迦南、가나안이요
가남

창 10:7

古實之子、구스의 아들은
고실지자

西巴、스바와
서파

哈腓拉、하윌라와
합비랍

撒弗他、삽다와
살 불 타

拉瑪、라아마와
랍 마

撒弗提迦、삽드가요
살 불 제 가

拉瑪之子、라아마의 아들은
랍 마 지 자

示巴、스바와
시 파

底但、드단이며
저 단

창 10:8

古實之裔甯錄、구스가 또 니므롯을 낳았으니
고 실 지 예 녕 록

在世始爲英武、그는 세상에 처음 영걸이라
재 세 시 위 영 무

창 10:9

在耶和華前、그가 여호와 앞에서
재 야 화 화 전

爲獵夫之雄、특이한 사냥군이 되었으므로
위 렵 부 지 웅

故語云、속담에 이르기를
고 어 운

斯人爲獵夫之雄、특이한 사냥꾼이로다 하더라
사인위렵부지웅

如甯錄在 니므롯 같은
여녕록재

耶和華前也、아무는 여호와 앞에
야화화전야

창 10:10

其國肇於巴別、그의 나라는 시날 땅의 바벨과
기국조어파별

以力、에렉과
이력

亞甲、악갓과
아갑

甲尼、갈레에서
갑니

俱在示拿地、시작되었으며
구재시나지

창 10:11

由彼往亞述、그가 그 땅에서 앗수르로 나아가
유피왕아술

建尼尼微、니느웨와
건니니미

利河伯、르호보딜과
리하백

迦拉、갈라와
가 랍

창 10:12

及尼尼微迦拉 및 니느웨와 갈라
급 니 니 미 가 랍

間之大邑利鮮、사이의 레센을 (이는 큰 성이라) 건축하였으며
간 지 대 읍 리 선

창 10:13

麥西生路低族、미스라임은 루딤과
맥 서 생 로 저 족

亞拿米族、아나밈과
아 나 미 족

利哈比族、르하빔과
리 합 비 족

拿弗土希族、납두힘과
나 불 토 희 족

창 10:14

帕斯魯細族、바드루심과
파 사 로 세 족

迦斯路希族、가슬루힘과
가 사 로 희 족

迦斐託族、갑도림을 낳았더라
가 비 탁 족

非利士族由迦 블레셋이
비 리 사 족 유 가

斯路希而出、○ 가슬루힘에게서 나왔더라
사로희이출

창 10:15

迦南生冢子西頓、가나안은 장자 시돈과
가남생총자서돈

與赫、헷을 낳고
여혁

창 10:16

及耶布斯族、또 여부스 족속과
급야포사족

亞摩利族、아모리 족속과
아마리족

革迦撒族、기르가스 족속과
혁가살족

창 10:17

希未族、히위 족속과
희미족

亞基族、알가 족속과
아기족

西尼族、신 족속과
서니족

창 10:18

亞瓦底族、아르왓 족속과
아와저족

洗瑪利族、스말 족속과
세마리족

哈馬族、하맛 족속의 조상을 낳았더니
합마족

此後迦南族 이후로 가나안 (자손의) 족속이
차후가남족

姓曼衍、흩어져 처하였더라
성만연

창 10:19

迦南之境、
가남지경

自西頓、
자서돈

越基拉、
월기랍

至迦薩、
지가살

又越所多瑪、
우월소다마

蛾摩拉、
아마랍

押瑪、
압마

洗扁、
세편

至拉沙、
지랍사

창 10:20
此乃含之子孫、
차내함지자손
各依其族姓、
각의기족성
方言、
방언
疆域、
강역
邦國、○
방국

창 10:21
雅弗兄閃亦生子、
아불형섬역생자
閃爲希伯全
섬위희백전
族之祖、
족지조

창 10:22
其子乃以攔、
기자내이란
亞述、
아술

亞法撒、
아 법 살

路德、
로 덕

亞蘭、
아 란

창 10:23

亞蘭之子、
아 란 지 자

乃烏斯、
내 오 사

戶勒、
호 륵

基帖、
기 첩

瑪施、
마 시

창 10:24

亞法撒生沙拉、
아 법 살 생 사 랍

沙拉生希伯、
사 랍 생 희 백

창 10:25

希伯二子、
희 백 이 자

一名法勒、
일 명 법 륵

因是時世
인 시 시 세

人分析也、
인 분 석 야

法勒之弟名約坍、
법 륵 지 제 명 약 당

창 10:26

約坍生亞摩答、
약 당 생 아 마 답

沙列、
사 열

哈薩瑪非、
합 살 마 비

耶拉、
야 랍

창 10:27

哈多蘭、
합 다 란

烏薩、
오 살

德拉、
덕 랍

창 10:28

俄巴路、
아 파 로

亞比瑪利、
아 비 마 리

示巴、
시 파

창 10:29

阿斐、
아 비

哈腓拉、
합 비 랍

約巴、
약 파

此皆約坍之子、
차 개 약 당 지 자

창 10:30

其所居之域、
기 소 거 지 역

自米沙以迄
자 미 사 이 흘

東山西發、
동 산 서 발

창 10:31

此乃閃之子孫、
차 내 섬 지 자 손

各依其族姓、
각 의 기 족 성

方言、
방 언

疆域、
강 역

邦國、○
방 국

창 10:32

以上所載、
이 상 소 재

皆挪亞子孫
개 나 아 자 손

之宗族、
지 종 족

依其世系邦國、
의 기 세 계 방 국

洪水後分析於地、
홍 수 후 분 석 어 지

創世記 第十一章
창 세 기 제 십 일 장

창 11:1

維時、
유 시

天下音一語同、
천 하 음 일 어 동

창 11:2

東徙、
동 사

遇平原於示拿、
우 평 원 어 시 나

遂居焉、
수 거 언

창 11:3

彼此互議曰、
피 차 호 의 왈

我其作甎、
아 기 작 전

爇以成之、
설 이 성 지

於是以甎代石、
어 시 이 전 대 석

石漆代泥、
석 칠 대 니

창 11:4

又曰、
우 왈

我其築城與臺、
아 기 축 성 여 대

臺頂及天、
대정급천

以揚我名、
이양아명

庶免散於四方、
서면산어사방

창 11:5

耶和華臨格、
야화화림격

欲觀世人所
욕관세인소

築之城與臺、
축지성여대

창 11:6

曰、
왈

斯民爲一、
사민위일

言語亦同、
언어역동

今興是役、
금흥시역

後之所謀、
후지소모

末由遏止、
말 유 알 지

창 11:7

我儕臨格、
아 제 림 격

淆其言語、
효 기 언 어

使彼此不通、
사 피 차 불 통

창 11:8

於是耶和華
어 시 야 화 화

散之四方、
산 지 사 방

遂罷築城之役、
수 파 축 성 지 역

창 11:9

其城名曰巴別、
기 성 명 왈 파 별

因耶和華在彼
인 야 화 화 재 피

淆億兆之言語、
효 억 조 지 언 어

散之四方故也、○
산 지 사 방 고 야

창 11:10

閃之裔如左、
섬 지 예 여 좌

洪水後二年、
홍 수 후 이 년

閃百歲、
섬 백 세

生亞法撒、
생 아 법 살

창 11:11

後歷五百年、
후 력 오 백 년

猶生子女、
유 생 자 녀

창 11:12

亞法撒三十五
아 법 살 삼 십 오

歲生沙拉、
세 생 사 랍

창 11:13

後歷四百有三年、
후 력 사 백 유 삼 년

猶生子女、
유 생 자 녀

창 11:14

沙拉三十
사랍삼십

歲生希伯、
세생희백

창 11:15

後歷四百有三年、
후력사백유삼년

猶生子女、
유생자녀

창 11:16

希伯三十四
희백삼십사

歲生法勒、
세생법륵

창 11:17

後歷四百三十年、
후력사백삼십년

猶生子女、
유생자녀

창 11:18

法勒三十
법륵삼십

歲生拉吳、
세생랍오

창 11:19

後歷二百有九年、
후 력 이 백 유 구 년

猶生子女、
유 생 자 녀

창 11:20

拉吳三十二
랍 오 삼 십 이

歲生西鹿、
세 생 서 록

창 11:21

後歷二百有七年、
후 력 이 백 유 칠 년

猶生子女、
유 생 자 녀

창 11:22

西鹿三十
서 록 삼 십

歲生拿鶴、
세 생 나 학

창 11:23

後歷二百年、
후 력 이 백 년

猶生子女、
유 생 자 녀

창 11:24

拿鶴二十九
나 학 이 십 구

歲生他拉、
세 생 타 랍

창 11:25

後歷一百十九年、
후 력 일 백 십 구 년

猶生子女、
유 생 자 녀

창 11:26

他拉七十歲
타 랍 칠 십 세

生亞伯蘭、
생 아 백 란

拿鶴、
나 학

哈蘭、○
합 란

창 11:27

他拉之裔如左、
타 랍 지 예 여 좌

他拉生亞伯蘭、
타 랍 생 아 백 란

拿鶴、
나 학

哈蘭、
합 란

哈蘭生羅得、
합 란 생 라 득

창 11:28

哈蘭先其父
합 란 선 기 부

死於故土、
사 어 고 토

迦勒底之吾珥、
가 륵 저 지 오 이

창 11:29

亞伯蘭拿鶴
아 백 란 나 학

皆娶室、
개 취 실

亞伯蘭妻名撒萊、
아 백 란 처 명 살 래

拿鶴妻名密迦、
나 학 처 명 밀 가

密迦暨亦迦、
밀 가 기 역 가

俱哈蘭之女、
구 합 란 지 녀

창 11:30

撒萊不姙、
살 래 불 임

無子、
무 자

창 11:31

他拉挈子亞伯蘭、
타 랍 설 자 아 백 란

及孫、
급 손

即哈蘭子羅得、
즉 합 란 자 라 득

並子婦撒萊、
병 자 부 살 래

即亞伯蘭妻、
즉 아 백 란 처

咸出迦勒底
함 출 가 륵 저

之吾珥、
지 오 이

欲往迦南、
욕 왕 가 남

至於哈蘭居焉、
지 어 합 란 거 언

창 11:32

他拉享壽二百
타랍향수이백

有五歲、
유오세

終於哈蘭、
종어합란

創世記 第十二章
창세기 제십이장

창 12:1

耶和華諭
야화화유

亞伯蘭曰、
아백란왈

爾其出故土、
이기출고토

離戚族、
리척족

遠父家、
원부가

往我所示之地、
왕아소시지지

창 12:2

我將使爾成爲大
아장사이성위대

邦、
방

錫嘏於爾、
석 하 어 이

丕顯爾名、
비 현 이 명

爾爲福源、
이 위 복 원

창 12:3

祝爾者吾亦祝之、
축 이 자 오 역 축 지

詛爾者吾亦詛之、
저 이 자 오 역 저 지

天下萬族、
천 하 만 족

將緣爾獲福焉、
장 연 이 획 복 언

창 12:4

亞伯蘭循耶和華
아 백 란 순 야 화 화

命而往、
명 이 왕

羅得偕行、
라 득 해 행

其離哈蘭時、
기 리 합 란 시

年七十有五、
년 칠 십 유 오

창 12:5

挈妻撒萊、
설 처 살 래

與姪羅得、
여 질 라 득

暨在哈蘭所
기 재 합 란 소

積之貨財、
적 지 화 재

所得之婢僕、
소 득 지 비 복

咸往迦南、
함 왕 가 남

卒至其地、
졸 지 기 지

창 12:6

經行至示劍、
경 행 지 시 검

摩利之橡、
마 리 지 상

當 時 迦 南 族
당 시 가 남 족

處 其 地、
처 기 지

창 12:7

耶 和 華 顯 見 於
야 화 화 현 견 어

亞 伯 蘭 曰、
아 백 란 왈

我 將 以 斯 土 賜
아 장 이 사 토 사

爾 苗 裔、
이 묘 예

亞 伯 蘭 爲 顯 見
아 백 란 위 현 견

之 耶 和 華、
지 야 화 화

築 壇 於 彼、
축 단 어 피

창 12:8

由 此 遷 往 伯 特 利
유 차 천 왕 백 특 리

東 之 山、
동 지 산

以張其幕、
이 장 기 막

西有伯特利、
서 유 백 특 리

東有艾、
동 유 애

又爲耶和華
우 위 야 화 화

築壇於彼、
축 단 어 피

而籲其名、
이 유 기 명

창 12:9

後漸南徙、○
후 점 남 사

창 12:10

其地適饑且甚、
기 지 적 기 차 심

亞伯蘭乃
아 백 란 내

旅於埃及、
려 어 애 급

창 12:11

將入境、
장 입 경

語妻撒萊曰、
어 처 살 래 왈

爾有殊色、
이 유 수 색

我知之矣、
아 지 지 의

창 12:12

埃及人見爾、
애 급 인 견 이

必云此其妻也、
필 운 차 기 처 야

將殺我而存爾、
장 살 아 이 존 이

창 12:13

請爾謂爲我妹、
청 이 위 위 아 매

俾我獲安、
비 아 획 안

緣爾得全吾生、
연 이 득 전 오 생

창 12:14

亞伯蘭至埃及、
아 백 란 지 애 급

埃及人見其
애 급 인 견 기

婦豔麗、
부 염 려

창 12:15

法老之臣觀之、
법 로 지 신 관 지

譽於法老前、
예 어 법 로 전

遂納之入宮、
수 납 지 입 궁

창 12:16

法老緣婦故、
법 로 연 부 고

厚遇亞伯蘭、
후 우 아 백 란

遂有牛羊、
수 유 우 양

牝牡之驢、
빈 모 지 려

駱駝、
락 타

以及婢僕、
이 급 비 복

창 12:17

耶和華以亞伯蘭
야 화 화 이 아 백 란

妻撒萊故、
저 살 래 고

降巨災於法老、
강 거 재 어 법 로

曁其家室、
기 기 가 실

창 12:18

法老召亞伯蘭曰、
법 로 소 아 백 란 왈

爾曷待我如是、
이 갈 대 아 여 시

彼乃爾妻、
피 내 이 처

胡不告我、
호 부 고 아

창 12:19

何以稱之爲妹、
하 이 칭 지 위 매

致我妻之、
치 아 처 지

爾妻在此、
이 처 재 차

可挈之去、
가 설 지 거

창 12:20

於是命人送
어 시 명 인 송

亞伯蘭與其妻、
아 백 란 여 기 처

及凡所有而去、
급 범 소 유 이 거

創世記 第十三章
창 세 기 제 십 삼 장

창 13:1

亞伯蘭挈
아 백 란 설

妻與羅得、
처 여 라 득

及凡所有、
급 범 소 유

出埃及而南往、
출 애 급 이 남 왕

창 13:2

富有金銀牲畜、
부 유 금 은 생 축

창 13:3

自南而行、
자 남 이 행

歷程至伯特利、
력 정 지 백 특 리

昔張幕之所、
석 장 막 지 소

在伯特利
재 백 특 리

與艾之間、
여 애 지 간

창 13:4

卽前築壇之處、
즉 전 축 단 지 처

於彼籲耶和華名、
어 피 유 야 화 화 명

창 13:5

偕行之羅得、
해 행 지 라 득

亦有牛羊帷幕、
역 유 우 양 유 막

창 13:6

二人之業浩繁、
이 인 지 업 호 번

其地莫能容、
기 지 막 능 용

弗獲同處、
불 획 동 처

창 13:7

時、
시

迦南與比利洗
가남여비리세

二族、
이족

猶居斯土、
유거사토

亞伯蘭之牧者、
아백란지목자

與羅得之牧者爭、
여라득지목자쟁

창 13:8

亞伯蘭謂羅得曰、
아백란위라득왈

爾我乃骨肉之親、
이아내골육지친

不可相爭、
불가상쟁

爾牧我牧、
이목아목

何競之有、
하경지유

창 13:9

地非具在爾前乎、
지 비 구 재 이 전 호

爾其與我區別、
이 기 여 아 구 별

爾左則我右、
이 좌 칙 아 우

爾右則我左、
이 우 칙 아 좌

창 13:10

時、
시

所多瑪蛾摩拉、
소 다 마 아 마 랍

未爲耶和華所滅、
미 위 야 화 화 소 멸

自約但平原、
자 약 단 평 원

至於瑣珥、
지 어 쇄 이

土皆潤澤、
토 개 윤 택

如耶和華囿、
여 야 화 화 유

與埃及地等、
여 애 급 지 등

창 13:11
羅得擧目觀之、
라 득 거 목 관 지
遂擇約但平原
수 택 약 단 평 원
而東徙、
이 동 사
二人相別、
이 인 상 별

창 13:12
亞伯蘭居迦南地、
아 백 란 거 가 남 지
羅得寓平原之邑、
라 득 우 평 원 지 읍
遷徙其幕、
천 사 기 막
至所多瑪、
지 소 다 마

창 13:13
所多瑪人作惡、
소 다 마 인 작 악
重獲罪於
중 획 죄 어
耶和華、○
야 화 화

창 13:14

羅得別後、
라 득 별 후

耶和華諭
야 화 화 유

亞伯蘭曰、
아 백 란 왈

爾其由此擧目、
이 기 유 차 거 목

以觀東西南北、
이 관 동 서 남 북

창 13:15

凡所見之地、
범 소 견 지 지

我必賜爾、
아 필 사 이

及爾苗裔、
급 이 묘 예

永世弗替、
영 세 불 체

창 13:16

使爾苗裔
사 이 묘 예

如塵埃然、
여 진 애 연

有能核塵
유 능 핵 진

埃之數者、
애 지 수 자

則爾苗裔、
칙 이 묘 예

亦可計矣、
역 가 계 의

창 13:17

爾起遍歷斯土、
이 기 편 력 사 토

縱橫而行、
종 횡 이 행

我必以之賜爾、
아 필 이 지 사 이

창 13:18

亞伯蘭遂遷幕、
아 백 란 수 천 막

至希伯崙、
지 희 백 륜

近幔利之橡而居、
근 만 리 지 상 이 거

爲耶和華築壇焉、
위 야 화 화 축 단 언

創世記第十四章
창 세 기 제 십 사 장

창 14:1

維時、
유 시

示拿王暗拉非、
시 나 왕 암 랍 비

以拉撒王亞畧、
이 랍 살 왕 아 략

以攔王基大老瑪、
이 란 왕 기 대 로 마

戈印王提達、
과 인 왕 제 달

창 14:2

與所多瑪王比拉、
여 소 다 마 왕 비 랍

蛾摩拉王比沙、
아 마 랍 왕 비 사

押瑪王示納、
압 마 왕 시 납

洗扁王善以別、
세 편 왕 선 이 별

及比拉卽
급 비 랍 즉

瑣珥王戰、
쇄 이 왕 전

창 14:3

五王咸會
오 왕 함 회

於西訂谷、
어 서 정 곡

卽今之鹽海、
즉 금 지 염 해

창 14:4

此五王事
차 오 왕 사

基大老瑪、
기 대 로 마

歷十有二年、
력 십 유 이 년

至十三年而叛、
지 십 삼 년 이 반

창 14:5

十四年、
십 사 년

基大老瑪與
기 대 로 마 여

同盟諸王來、
동 맹 제 왕 래

擊利乏音族
격리핍음족

於亞特律加甯、
어아특률가녕

蘇西族於哈麥、
소서족어합맥

以米族於沙
이미족어사

微基列亭、
미기열정

창 14:6

又擊何利族
우격하리족

於西珥山、
어서이산

至鄰於曠野
지린어광야

之伊勒巴蘭、
지이륵파란

창 14:7

四王歸至安密巴、
사왕귀지안밀파

即加低斯、
즉가저사

擊亞瑪力之全境、
격 아 마 력 지 전 경

及居哈洗遜他瑪
급 거 함 세 손 타 마

之亞摩利族、
지 아 마 리 족

창 14:8

所多瑪王、
소 다 마 왕

蛾摩拉王、
아 마 랍 왕

押瑪王、
압 마 왕

洗扁王、
세 편 왕

比拉卽瑣珥王、
비 랍 즉 쇄 이 왕

皆出、
개 출

陳於西訂谷、
진 어 서 정 곡

창 14:9

以敵以攔王
이 적 이 란 왕

基大老瑪、
기 대 로 마

戈印王提達、
과 인 왕 제 달

示拿王暗拉非、
시 나 왕 암 랍 비

以拉撒王亞畧、
이 랍 살 왕 아 략

四王與五王戰、
사 왕 여 오 왕 전

창 14:10

西訂谷多石漆坑、
서 정 곡 다 석 칠 갱

所多瑪王與蛾摩
소 다 마 왕 여 아 마

拉王奔而陷其中、
랍 왕 분 이 함 기 중

餘遁於山、
여 둔 어 산

창 14:11

四王奪所多瑪
사 왕 탈 소 다 마

蛾摩拉之輜
아 마 랍 지 치

重糧食而去、
중 량 식 이 거

창 14:12

亞伯蘭姪羅得
아 백 란 질 라 득

居所多瑪、
거 소 다 마

人與物皆被虜、○
인 여 물 개 피 로

창 14:13

有逃遁者、
유 도 둔 자

以告希伯來人
이 고 희 백 래 인

亞伯蘭、
아 백 란

時、
시

亞伯蘭居近亞摩
아 백 란 거 근 아 마

利人幔利之橡、
리 인 만 리 지 상

幔利乃以實各
만 리 내 이 실 각

亞乃之兄弟、
아 내 지 형 제

此三人曾與
차 삼 인 증 여

亞伯蘭結盟、
아 백 란 결 맹

창 14:14

亞伯蘭聞姪被虜、
아 백 란 문 질 피 로

遂率習練之丁壯、
수 솔 습 련 지 정 장

素育於家者、
소 육 어 가 자

三百一十八人、
삼 백 일 십 팔 인

追敵至但、
추 적 지 단

창 14:15

乘夜分隊進攻、
승 야 분 대 진 공

追至大馬色北
추 지 대 마 색 북

之何把、
지 하 파

창 14:16

奪回所虜之物、
탈 회 소 로 지 물

暨姪羅得、
기 질 라 득

與其所有、
여 기 소 유

爰及人民婦女、○
원 급 인 민 부 녀

창 14:17

亞伯蘭旣戮基大
아 백 란 기 륙 기 대

老瑪與同盟諸王
로 마 여 동 맹 제 왕

而歸、
이 귀

所多瑪王出、
소 다 마 왕 출

至沙微谷、
지 사 미 곡

卽今之王
즉 금 지 왕

谷以迎之、
곡 이 영 지

창 14:18

撒冷王麥基洗德、
살 랭 왕 맥 기 세 덕

爲至高祆上帝
위 지 고 천 상 제

之祭司、
지 제 사

攜餠與酒而出、
휴 병 여 주 이 출

창 14:19

祝之曰、
축 지 왈

願天地之主宰、
원 천 지 지 주 재

至高之祆上帝、
지 고 지 천 상 제

錫嘏於亞伯蘭、
석 하 어 아 백 란

창 14:20

至高祆上帝、
지 고 천 상 제

以敵付於爾手、
이 적 부 어 이 수

宜頌美焉、
의 송 미 언

亞伯蘭以
아 백 란 이

其所獲者、
기 소 획 자

什一奉之、
십 일 봉 지

창 14:21

所多瑪王謂
소 다 마 왕 위

亞伯蘭曰、
아 백 란 왈

以人歸我、
이 인 귀 아

物任爾取、
물 임 이 취

창 14:22

亞伯蘭曰、
아 백 란 왈

我已擧手、
아 이 거 수

指至高之祆上帝、
지 지 고 지 천 상 제

天地之主宰
천 지 지 주 재

耶和華而誓、
야 화 화 이 서

창 14:23

凡屬爾者、
범 속 이 자

一絲縷、
일 사 루

一履帶、
일 리 대

吾弗取焉、
오 불 취 언

免爾云、
면 이 운

我使亞伯蘭致富、
아 사 아 백 란 치 부

창 14:24

惟少者所食、
유 소 자 소 식

曁同行之亞乃、
기 동 행 지 아 내

以實各、
이 실 각

幔利、
만 리

所應得者、
소 응 득 자

可任其取之、
가 임 기 취 지

創世記第十五章
창 세 기 제 십 오 장

창 15:1

嗣後耶和華
사 후 야 화 화

於異象中、
어 이 상 중

諭亞伯蘭曰、
유 아 백 란 왈

亞伯蘭歟、
아 백 란 여

毋懼、
무 구

我爲爾盾、
아 위 이 순

大賚於爾、
대 뢰 어 이

창 15:2

亞伯蘭曰、
아 백 란 왈

主耶和華歟、
주 야 화 화 여

何以賜我、
하 이 사 아

蓋我無子、
개 아 무 자

承我業者、
승 아 업 자

大馬色人
대 마 색 인

以利以謝也、
이 리 이 사 야

창 15:3

又曰、
우 왈

爾未賜我子、
이 미 사 아 자

育於我家者、
육 어 아 가 자

將爲我嗣、
장 위 아 사

창 15:4

耶和華諭之曰、
야 화 화 유 지 왈

此非爾嗣、
자 비 이 사

必自爾出者、
필 자 이 출 자

乃爲爾嗣、
내 위 이 사

창 15:5

遂攜之出、
수 휴 지 출

曰、
왈

仰觀於天、
앙 관 어 천

衆星可核數乎、
중 성 가 핵 수 호

又曰、
우 왈

汝苗裔必如是、
여 묘 예 필 여 시

창 15:6

亞伯蘭信耶和華、
아 백 란 신 야 화 화

耶和華以
야 화 화 이

此爲其義、
자 위 기 의

창 15:7

又曰、
우 왈

我乃耶和華、
아 내 야 화 화

昔挈爾出迦勒底
석 설 이 출 가 륵 저

之吾珥、
지 오 이

將以此地、
장 이 차 지

賜爾承之、
사 이 승 지

창 15:8

曰、
왈

主耶和華歟、
주 야 화 화 여

我承此地、
아 승 차 지

何以知之、
하 이 지 지

창 15:9

曰、
왈

爲我取三
위 아 취 삼

歲之牝牛、
세 지 빈 우

牝山羊、
빈 산 양

牡綿羊、
모 면 양

及鳲鳩雛鴿各一、
급 시 구 추 합 각 일

창 15:10

遂取而中剖之、
수 취 이 중 부 지

置之兩旁、
치 지 량 방

使各相對、
사 각 상 대

惟鳥不剖、
유 조 불 부

창 15:11

有鷙鳥下、
유 지 조 하

集於牲牷、
집 어 생 전

亞伯蘭驅之、
아 백 란 구 지

창 15:12

日將入、
일 장 입

亞伯蘭酣睡、
아 백 란 감 수

幽暗臨之、
유 암 림 지

使之恐懼、
사 지 공 구

창 15:13

耶和華諭之曰、
야 화 화 유 지 왈

爾當實知、
이 당 실 지

汝裔必旅於異邦、
여 예 필 려 어 이 방

服役良苦、
복 역 량 고

歷四百年、
력 사 백 년

창 15:14

其所服事之邦、
기 소 복 사 지 방

我必鞫之、
아 필 국 지

厥後汝裔、
궐 후 여 예

得其重貲以出、
득 기 중 자 이 출

창 15:15

爾必安然歸祖、
이 필 안 연 귀 조

考終而葬、
고 종 이 장

창 15:16

越至四世、
월 지 사 세

爾之苗裔、
이 지 묘 예

必歸斯土、
필 귀 사 토

蓋亞摩利族之罪、
개 아 마 리 족 지 죄

尚未貫盈、
상 미 관 영

창 15:17

日入而昏、
일 입 이 혼

有出烟之爐、
유 출 연 지 로

與已燃之炬、
여 이 연 지 거

由牲牷中而過、
유 생 전 중 이 과

창 15:18

當日耶和華
당 일 야 화 화

與亞伯蘭約、
여 아 백 란 약

曰、
왈

我以斯土、
아 이 사 토

賜爾苗裔、
사 이 묘 예

自埃及河、
자 애 급 하

至伯拉大河、
지 백 랍 대 하

창 15:19

卽基尼、
즉기니

基尼洗、
기니세

甲摩尼、
갑마니

창 15:20

赫、
혁

比利洗、
비리세

利乏音、
리핍음

창 15:21

亞摩利、
아마리

迦南、
가남

革迦撒、
혁가살

耶布斯諸族之地、
야포사제족지지

創世記 第十六章
창세기 제십륙장

창 16:1

亞伯蘭妻
아 백 란 처

撒萊不育、
살 래 불 육

有埃及婢名夏甲、
유 애 급 비 명 하 갑

창 16:2

撒萊謂亞伯蘭曰、
살 래 위 아 백 란 왈

耶和華禁我生育、
야 화 화 금 아 생 육

請爾與我婢同室、
청 이 여 아 비 동 실

我或可因之得子、
아 혹 가 인 지 득 자

亞伯蘭從其言、
아 백 란 종 기 언

창 16:3

其妻撒萊、
기 처 살 래

納埃及婢夏甲
납 애 급 비 하 갑

於夫亞伯蘭、
어 부 아 백 란

時、
시

亞伯蘭居迦南、
아 백 란 거 가 남

已歷十年、
이 력 십 년

창 16:4

遂與夏甲同室、
수 여 하 갑 동 실

夏甲懷孕、
하 갑 회 잉

自覺有妊、
자 각 유 임

藐視主母、
막 시 주 모

창 16:5

撒萊謂亞伯蘭曰、
살 래 위 아 백 란 왈

我冤在爾、
아 원 재 이

以婢置於爾懷、
이 비 치 어 이 회

彼覺有妊、
피 각 유 임

乃藐視我、
내 막 시 아

願耶和華於爾我間
원 야 화 화 어 이 아 간

判之、
판 지

창 16:6

亞伯蘭曰、
아 백 란 왈

婢爲爾所治、
비 위 이 소 치

可任意以待、
가 임 의 이 대

於是撒萊虐遇之、
어 시 살 래 학 우 지

夏甲逃避焉、
하 갑 도 피 언

창 16:7

耶和華之使者見之
야 화 화 지 사 자 견 지

於野、
어 야

在書珥路之泉旁、
재 서 이 로 지 천 방

창 16:8

曰、
왈

撒萊婢夏甲、
살래비하갑

適從何來、
적종하래

玆欲何往、
자욕하왕

曰、
왈

逃避主母撒萊、
도피주모살래

창 16:9

曰、
왈

宜歸主母、
의귀주모

服於其下、
복어기하

창 16:10

又曰、
우왈

我必使爾
아필사이

苗裔繁衍、
묘 예 번 연

不可勝數、
불 가 승 수

창 16:11

又曰、
우 왈

爾今懷姙、
이 금 회 임

必生男子、
필 생 남 자

可命名以實瑪利、
가 명 명 이 실 마 리

蓋耶和華已聞爾苦
개 야 화 화 이 문 이 고

也、
야

창 16:12

彼於人中、
피 어 인 중

將爲野驢、
장 위 야 려

擊衆而衆亦擊之、
격 중 이 중 역 격 지

其所居之地、
기 소 거 지 지

在同族之東、
재 동 족 지 동

창 16:13

夏甲蒙耶和華諭、
하 갑 몽 야 화 화 유

則稱其名曰
즉 칭 기 명 왈

監人之祆上帝、
감 인 지 천 상 제

蓋曰、
개 왈

我豈於此、
아 기 어 차

瞻仰夫監我者乎、
첨 앙 부 감 아 자 호

창 16:14

故其泉名曰
고 기 천 명 왈

庇耳拉海萊、
비 이 랍 해 래

卽在加低斯
즉 재 가 저 사

巴列之間、
파 열 지 간

창 16:15

夏甲生子、
하 갑 생 자

亞伯蘭命名
아 백 란 명 명

以實瑪利、○
이 실 마 리

창 16:16

夏甲生以實
하 갑 생 이 실

瑪利時、
마 리 시

亞伯蘭年
아 백 란 년

八十有六、
팔 십 유 육

創世記 第十七章
창 세 기 제 십 칠 장

창 17:1

亞伯蘭年
아 백 란 년

九十有九、
구 십 유 구

耶和華顯見、
야 화 화 현 견

諭之曰、
유 지 왈

我乃全能之
아 내 전 능 지

祆上帝、
천 상 제

爾宜行於我前、
이 의 행 어 아 전

而爲完人、
이 위 완 인

창 17:2

我與爾約、
아 여 이 약

使爾苗裔、
사 이 묘 예

繁衍昌熾、
번 연 창 치

창 17:3

亞伯蘭遂俯伏焉、
아 백 란 수 부 복 언

祆上帝與之言曰、
천 상 제 여 지 언 왈

창 17:4

我與爾約、
아 여 이 약

爾必爲多族之父、
이 필 위 다 족 지 부

창 17:5

今而後、
금 이 후

爾不復名亞伯蘭、
이 불 복 명 아 백 란

宜名亞伯拉罕、
의 명 아 백 랍 한

因我立爾爲多
인 아 립 이 위 다

族之父也、
족 지 부 야

창 17:6

我將使爾蕃息、
아 장 사 이 번 식

成爲邦國、
성 위 방 국

列王由爾而出、
열 왕 유 이 이 출

창 17:7

我必與爾及
아 필 여 이 급

爾歷世苗裔、
이 력 세 묘 예

立我永約、
립 아 영 약

爲爾及爾苗裔
위 이 급 이 묘 예

之祆上帝、
지 천 상 제

창 17:8

爾今所旅之地、
이 금 소 려 지 지

卽迦南全境、
즉 가 남 전 경

我將賜爾、
아 장 사 이

及爾苗裔、
급 이 묘 예

以爲永業、
이 위 영 업

我亦爲其
아 역 위 기

祆上帝、○
천 상 제

창 17:9

祆上帝諭
천 상 제 유

亞伯拉罕曰、
아 백 랍 한 왈

爾與後裔、
이 여 후 예

宜守我約、
의 수 아 약

歷世勿替、
력 세 물 체

창 17:10

爾中男子、
이 중 남 자

咸宜受割、
함 의 수 할

卽我賜爾
즉 아 사 이

及爾後裔、
급 이 후 예

所必守之約、
소 필 수 지 약

창 17:11

爾必受割、
이 필 수 할

爲我與爾
위 아 여 이

立約之徵、
립 약 지 징

창 17:12

爾歷世男子、
이 력 세 남 자

或生於爾家、
혹 생 어 이 가

或購自異邦、
혹 구 자 이 방

非爾苗裔、
비 이 묘 예

旣生八日、
기 생 팔 일

皆必受割、
개 필 수 할

창 17:13

家所生者、
가 소 생 자

金所購者、
금 소 구 자

俱必受割、
구 필 수 할

我約加於爾躬、
아 약 가 어 이 궁

以爲永約、
이 위 영 약

창 17:14

惟男子不受割者、
유 남 자 불 수 할 자

是背我約、
시 배 아 약

必絕之民中、○
필 절 지 민 중

창 17:15

祆上帝諭
천 상 제 유

亞伯拉罕曰、
아 백 랍 한 왈

爾妻不復稱撒萊、
이 처 불 복 칭 살 래

宜稱撒拉、
의 칭 살 랍

창 17:16

我必祝之、
아 필 축 지

賜之生子、
사 지 생 자

復錫以嘏、
복 석 이 하

使爲列國之母、
사 위 열 국 지 모

列王由之而出、
열 왕 유 지 이 출

창 17:17

亞伯拉罕
아 백 랍 한

俯伏而哂、
부 복 이 신

竊謂百歲之人、
절 위 백 세 지 인

猶能生子乎、
유 능 생 자 호

撒拉年九十、
살 랍 년 구 십

猶能生育乎、
유 능 생 육 호

창 17:18

乃對祆上帝曰、
내 대 천 상 제 왈

惟願以實瑪利
유 원 이 실 마 리

生存於爾前、
생 존 어 이 전

창 17:19

祆上帝曰、
천 상 제 왈

否、
부

爾妻撒拉必生子、
이 처 살 랍 필 생 자

可名以撒、
가 명 이 살

我將與彼立約、
아 장 여 피 립 약

爲其後裔之永約、
위 기 후 예 지 영 약

창 17:20

至以實瑪利、
지 이 실 마 리

我亦允爾、
아 역 윤 이

賜之以福、
사 지 이 복

使之蕃息、
사 지 번 식

其裔繁衍昌熾、
기 예 번 연 창 치

必出十二牧伯、
필 출 십 이 목 백

成爲大族、
성 위 대 족

창 17:21

惟我與以撒立約、
유 아 여 이 살 립 약

卽明年此時、
즉 명 년 차 시

撒拉所生者、
살 랍 소 생 자

창 17:22

祆上帝言竟、
천 상 제 언 경

離亞伯拉罕
리 아 백 랍 한

而上升、○
이 상 승

창 17:23

是日亞伯拉罕
시 일 아 백 랍 한

遵祆上帝命、
준 천 상 제 명

將其子以實瑪利、
장 기 자 이 실 마 리

暨家所生、
기 가 소 생

金所購之男子、
금 소 구 지 남 자

咸與行割、
함 여 행 할

창 17:24

亞伯拉罕受割時、
아 백 랍 한 수 할 시

年九十有九、
년 구 십 유 구

창 17:25

其子以實瑪利、
기 자 이 실 마 리

十有三歲受割、
십 유 삼 세 수 할

창 17:26

父子二人、
부 자 이 인

同日受割、
동 일 수 할

창 17:27

凡其所屬、
범 기 소 속

或生於家、
혹 생 어 가

或購自異邦、
혹 구 자 이 방

均受割焉、
균 수 할 언

創世記 第十八章
창 세 기 제 십 팔 장

창 18:1

一日亭午、
일 일 정 오

亞伯拉罕坐
아 백 랍 한 좌

於幕門、
어 막 문

近幔利之橡、
근 만 리 지 상

耶和華顯見於彼、
야 화 화 현 견 어 피

창 18:2

亞伯拉罕擧目、
아 백 랍 한 거 목

見三人對之而立、
견 상 인 대 지 이 립

乃自幕門趨迎、
내 자 막 문 추 영

伏地、
복 지

창 18:3

曰、
왈

若蒙主恩、
약 몽 주 은

願勿離僕而去、
원 물 리 복 이 거

창 18:4

容取勺水、
용 취 작 수

以濯爾足、
이 탁 이 족

且憩樹下、
차 게 수 하

창 18:5

旣至僕所、
기 지 복 소

我將取餠少許、
아 장 취 병 소 허

壯爾心力而後行、
장 이 심 력 이 후 행

曰、
왈

可依汝言、
가 의 여 언

창 18:6

亞伯拉罕亟入幕、
아 백 랍 한 극 입 막

語撒拉曰、
어 살 랍 왈

速備細麪三細亞、
속 비 세 면 삼 세 아

摶之作餅、
단 지 작 병

창 18:7

又趨至牛羣、
우 추 지 우 군

擇犢之肥
택 독 지 비

美者付僕、
미 자 부 복

僕急治之、
복 급 치 지

창 18:8

亞伯拉罕遂
아 백 랍 한 수

以酥與乳、
이 소 여 유

及所治之犢、
급 소 치 지 독

臚陳其前、
려 진 기 전

自侍樹下、
자 시 수 하

三人食之、
삼 인 식 지

창 18:9

其人曰、
기 인 왈

爾妻撒拉何在、
이 처 살 랍 하 재

曰、
왈

在幕、
재 막

창 18:10

其中一人曰、
기 중 일 인 왈

明年屆期、
명 년 계 기

我必復至、
아 필 복 지

爾妻撒拉將生子、
이 처 살 랍 장 생 자

撒拉在其後、
살 랍 재 기 후

於幕門聞此、
어 막 문 문 차

창 18:11

亞伯拉罕與撒拉、
아 백 랍 한 여 살 랍

皆壽高年邁、
개 수 고 년 매

撒拉癸水已絕、
살 랍 계 수 이 절

창 18:12

竊哂曰、
절 신 왈

我老矣、
아 로 의

吾主亦然、
오 주 역 연

庸有喜乎、
용 유 희 호

창 18:13

耶和華諭
야 화 화 유

亞伯拉罕曰、
아 백 랍 한 왈

撒拉何竊哂云、
살 랍 하 절 신 운

我已年老、
아 이 년 로

詎生育乎、
거 생 육 호

창 18:14

耶和華豈有難
야 화 화 기 유 난

行之事哉、
행 지 사 재

屆期、
계 기

我將復至、
아 장 복 지

撒拉必生子、
살 랍 필 생 자

창 18:15

撒拉懼而不承、
살 랍 구 이 불 승

曰、
왈

我未嘗哂也、
아 미 상 신 야

曰、
왈

否、
부

爾實哂、○
이 실 신

창 18:16

三人乃起、
삼 인 내 기

觀望所多瑪、
관 망 소 다 마

亞伯拉罕偕
아 백 랍 한 해

行以送之、
행 이 송 지

창 18:17

耶和華曰、
야 화 화 왈

我之所爲、
아 지 소 위

豈隱於
기 은 어

亞伯拉罕乎、
아 백 랍 한 호

창 18:18

蓋彼必爲
개 피 필 위

強大之族、
강 대 지 족

天下萬民、
천 하 만 민

因之獲福、
인 지 획 복

창 18:19

我簡之、
아 간 지

使命其子及眷屬、
사 명 기 자 급 권 속

守我之道、
수 아 지 도

秉公行義、
병 공 행 의

致耶和華所言、
치 야 화 화 소 언

悉以予之、
실 이 여 지

창 18:20

又曰、
우 왈

所多瑪蛾摩拉
소 다 마 아 마 랍

罪孽深重、
죄 얼 심 중

聲聞於我、
성 문 어 아

창 18:21

我必臨格、
아 필 림 격

監其動作、
감 기 동 작

實如所聞、
실 여 소 문

設若不然、
설 약 불 연

我必知之、○
아 필 지 지

창 18:22

二人往所多瑪、
이 인 왕 소 다 마

亞伯拉罕尚立
아 백 랍 한 상 립

於耶和華前、
어 야 화 화 전

창 18:23

進曰、
진 왈

善者惡者、
선 자 악 자

爾豈並滅之乎、
이 기 병 멸 지 호

창 18:24

假令邑中有
가 령 읍 중 유

五十義人、
오 십 의 인

亦必翦滅乎、
역 필 전 멸 호

不緣其五十義人、
불 연 기 오 십 의 인

而悉赦宥乎、
이 실 사 유 호

창 18:25

善惡倂誅、
선 악 병 주

臧否同待、
장 부 동 대

此斷非爾所爲、
차 단 비 이 소 위

鞫天下者、
국 천 하 자

豈不行義乎、
기 불 행 의 호

창 18:26

耶和華曰、
야 화 화 왈

所多瑪邑、
소 다 마 읍

設有五十義人、
설 유 오 십 의 인

我必緣此、
아 필 연 자

赦其一方、
사 기 일 방

창 18:27

亞伯拉罕曰、
아 백 랍 한 왈

我雖爲灰塵、
아 수 위 회 진

敢告於主、
감 고 어 주

창 18:28

假令五十義者
가 령 오 십 의 자

缺其五、
결 기 오

豈因缺五人、
기 인 결 오 인

而滅此一邑乎、
이 멸 차 일 읍 호

曰、
왈

設有四十五人、
설 유 사 십 오 인

則亦弗滅、
즉 역 불 멸

창 18:29

曰、
왈

設有四十人、
설 유 사 십 인

則何如、
직 하 여

曰、
왈

緣四十人、
연 사 십 인

吾亦弗行是、
오 역 불 행 시

창 18:30

曰、
왈

願主毋怒、
원 주 무 노

容我言之、
용 아 언 지

假令三十人、
가 령 삼 십 인

則何如、
직 하 여

曰、
왈

有三十人、
유 삼 십 인

亦弗行是、
역 불 행 시

창 18:31

曰、
왈

敢告於主、
감고어주

假令二十人、
가령이십인

則何如、
칙하여

曰、
왈

緣二十人、
연이십인

我亦不滅、
아역불멸

창 18:32

曰、
왈

願主毋怒、
원주무노

容我言之、
용아언지

惟此一次、
유차일차

假令十人、
가령십인

則何如、
직하여

曰、
왈

緣十人、
연십인

吾亦弗滅、
오역불멸

창 18:33

耶和華言竟而往、
야화화언경이왕

亞伯拉罕乃歸、
아백랍한내귀

創世記 第十九章
창세기 제십구장

창 19:1

日暮、
일모

二天使至所多瑪、
이천사지소다마

時、
시

羅得坐於邑門、
라득좌어읍문

見之、
견 지

遂起迎迓、
수 기 영 아

伏地而拜、
복 지 이 배

창 19:2

曰、
왈

吾主請返、
오 주 청 반

以臨僕舍、
이 림 복 사

濯足而宿、
탁 족 이 숙

夙興以行、
숙 흥 이 행

曰、
왈

否、
부

我將竟夕於衢、
아 장 경 석 어 구

창 19:3

羅得亟促之、
라 득 극 촉 지

乃旋踵、
내 선 종

入其室、
입 기 실

遂爲之設筵、
수 위 지 설 연

炊無酵餠、
취 무 효 병

天使食之、
천 사 식 지

창 19:4

未及寢、
미 급 침

所多瑪邑人、
소 다 마 읍 인

少長咸集、
소 장 함 집

環其室、
환 기 실

창 19:5

呼羅得曰、
호 라 득 왈

昏暮就汝
혼 모 취 여

之人何在、
지 인 하 재

可出之、
가 출 지

遂吾所欲、
수 오 소 욕

창 19:6

羅得出、
라 득 출

閉門而就之、
폐 문 이 취 지

창 19:7

曰、
왈

請我兄弟、
청 아 형 제

勿作斯惡、
물 작 사 악

창 19:8

我有二女、
아 유 이 녀

尚未適人、
상 미 적 인

容我出之、
용 아 출 지

任爾所爲、
임 이 소 위

惟此二人、
유 차 이 인

旣臨我舍、
기 림 아 사

請毋擾之、
청 무 요 지

창 19:9

衆曰、
중 왈

退、
퇴

又曰、
우 왈

斯人旅於斯土、
사 인 려 어 사 토

乃欲爲士師、
내 욕 위 사 사

今將害爾、
금 장 해 이

較彼尤甚、
교 피 우 심

遂迫羅得、
수 박 라 득

徑前慾破其門、
경 전 욕 파 기 문

창 19:10

天使手援羅得入、
천 사 수 원 라 득 입

而閉其門、
이 폐 기 문

창 19:11

使衆於門外、
사 중 어 문 외

少長目眯、
소 장 목 미

索門致倦、○
색 문 치 권

창 19:12

二人謂羅得曰、
이 인 위 라 득 왈

於此、
어 차

爾尚有所屬乎、
이 상 유 소 속 호

或子、
혹 자

或女、
혹녀

或婿、
혹서

及邑中屬爾者、
급읍중속이자

俱攜之出、
구휴지출

창 19:13

我將滅此一方、
아장멸차일방

因其罪惡甚大、
인기죄악심대

聲聞於耶和華、
성문어야화화

故遣我滅之、
고견아멸지

창 19:14

羅得出、
라득출

告聘其女之壻曰、
고빙기녀지서왈

爾起、
이기

出此、
출 자

耶和華將滅是邑、
야 화 화 장 멸 시 읍

其壻聞之、
기 서 문 지

以爲戲言、
이 위 희 언

창 19:15

及旦、
급 단

天使促羅得曰、
천 사 촉 라 득 왈

起、
기

挈若妻、
설 약 처

曁在此二女、
기 재 차 이 녀

恐因斯邑之罪、
공 인 사 읍 지 죄

共罹滅亡、
공 리 멸 망

창 19:16

羅得遲延、
라 득 지 연

二人執其手、
이 인 집 기 수

與妻及女、
여 처 급 녀

咸引之出、
함 인 지 출

置於邑外、
치 어 읍 외

蓋耶和華矜之也、
개 야 화 화 긍 지 야

창 19:17

旣出、
기 출

謂之曰、
위 지 왈

爾其遁逃、
이 기 둔 도

以全生命、
이 전 생 명

毋返顧、
무 반 고

毋止平原、
무 지 평 원

宜避於山、
의 피 어 산

免爾滅亡、
면 이 멸 망

창 19:18

羅得曰、
라 득 왈

主歟、
주 여

勿爾、
물 이

창 19:19

僕蒙爾恩、
복 몽 이 은

大施仁慈、
대 시 인 자

以全我生、
이 전 아 생

今我不能避於山、
금 아 불 능 피 어 산

恐遭災禍而殞、
공 조 재 화 이 운

창 19:20

前有一邑、
전 유 일 읍

既小且近、
기 소 차 근

容我遁彼、
용 아 둔 피

以全我生、
이 전 아 생

此非蕞爾之區乎、
차 비 최 이 지 구 호

창 19:21

曰、
왈

斯事我亦允爾、
사 사 아 역 윤 이

所言之邑、
소 언 지 읍

我不翦滅、
아 불 전 멸

창 19:22

汝其速遁於彼、
여 기 속 둔 어 피

蓋爾未至、
개 이 미 지

吾不能有所爲、
오 불 능 유 소 위

故其邑名曰
고 기 읍 명 왈

瑣珥、○
쇄 이

창 19:23

羅得入瑣珥時、
라 득 입 쇄 이 시

日已出、
일 이 출

창 19:24

耶和華自天雨
야 화 화 자 천 우

火硫於所多瑪、
화 류 어 소 다 마

蛾摩拉、
아 마 랍

창 19:25

於是城邑、
어 시 성 읍

平壤、
평 양

居民、
거 민

及土所產、
급 토 소 산

無不毁滅、
무불훼멸

창 19:26

羅得妻隨行返顧、
라득처수행반고

變爲鹽柱、
변위염주

창 19:27

亞伯拉罕夙興、
아백랍한숙흥

至昔立於耶和華
지석립어야화화

前之處、
전지처

창 19:28

瞻望所多瑪
첨망소다마

蛾摩拉、
아마랍

與平原全境、
여평원전경

見其烟焰上騰、
견기연염상등

如出於爐、○
여출어로

창 19:29

當祆上帝殄滅
당 천 상 제 진 멸

平原諸邑、
평 원 제 읍

傾覆羅得所
경 복 라 득 소

居之邑時、
거 지 읍 시

眷念亞伯拉罕、
권 념 아 백 랍 한

拯羅得出於災、○
증 라 득 출 어 재

창 19:30

羅得懼居瑣珥、
라 득 구 거 쇄 이

挈二女去彼、
설 이 녀 거 피

而入於山、
이 입 어 산

同處巖穴、
동 처 암 혈

창 19:31

長女謂季女曰、
장 녀 위 계 녀 왈

吾父已老、
오 부 이 로

斯土又無人
사 토 우 무 인

與我爲偶、
여 아 위 우

以循人道、
이 순 인 도

창 19:32

莫若使父飮酒、
막 약 사 부 음 주

而與偕寢、
이 여 해 침

以存其後、
이 존 기 후

창 19:33

是夜飮父以酒、
시 야 음 부 이 주

長女與之寢、
장 녀 여 지 침

女之臥起、
녀 지 와 기

父不及知、
부 불 급 지

창 19:34

翌日、
익일

長女謂季女曰、
장녀위계녀왈

我昨與父偕寢、
아작여부해침

今夕仍飮以酒、
금석잉음이주

爾可偕寢、
이가해침

以存其後、
이존기후

창 19:35

是夜亦飮父以酒、
시야역음부이주

季女偕寢、
계녀해침

女之臥起、
녀지와기

父亦不知、
부역불지

창 19:36

如是、
여시

羅得二女
라 득 이 녀

由父懷姙、
유 부 회 임

창 19:37

長女生子、
장 녀 생 자

命名摩押、
명 명 마 압

爲摩押族之祖、
위 마 압 족 지 조

창 19:38

季女亦生子、
계 녀 역 생 자

命名便亞米、
명 명 편 아 미

爲亞捫族之祖、
위 아 문 족 지 조

創世記 第二十章
창 세 기 제 이 십 장

창 20:1

亞伯拉罕南徙、
아 백 랍 한 남 사

旅於加低斯書
려 어 가 저 사 서

珥 問 之 基 拉 耳、
이 간 지 기 랍 이

창 20:2

稱 其 妻 撒 拉 爲 妹、
칭 기 처 살 랍 위 매

基 拉 耳 王 亞 比 米 勒
기 랍 이 왕 아 비 미 륵

遣 人 取 之、
견 인 취 지

창 20:3

夜 夢 祆 上 帝
야 몽 천 상 제

臨 之 曰、
림 지 왈

爾 其 死 矣、
이 기 사 의

蓋 所 取 之 婦、
개 소 취 지 부

乃 他 人 之 妻 也、
내 타 인 지 처 야

창 20:4

亞 比 米 勒 未
아 비 미 륵 미

近 婦 身、
근 부 신

曰、
왈

主歟、
주 여

爲義之民、
위 의 지 민

亦滅之乎、
역 멸 지 호

창 20:5

彼非對我
피 비 대 아

稱婦爲妹、
칭 부 위 매

婦亦稱之爲兄乎、
부 역 칭 지 위 형 호

我之爲此、
아 지 위 차

心正手潔、
심 정 수 결

창 20:6

祆上帝曰、
천 상 제 왈

我知爾爲此、
아 지 이 위 차

心本端正、
심 본 단 정

故我阻爾、
고 아 조 이

免玷婦身、
면 점 부 신

干咎於我、
간 구 어 아

창 20:7

今以婦歸其夫、
금 이 부 귀 기 부

彼乃先知、
피 내 선 지

將爲爾祈、
장 위 이 기

以全汝生、
이 전 여 생

如不歸之、
여 불 귀 지

宜知爾與眷聚、
의 지 이 여 권 취

必皆死亡、○
필 개 사 망

창 20:8

亞比米勒夙興、
아 비 미 륵 숙 흥

召其諸僕、
소 기 제 복

告以斯事、
고 이 사 사

諸僕懼甚、
제 복 구 심

창 20:9

亞比米勒召
아 비 미 륵 소

亞伯拉罕曰、
아 백 랍 한 왈

爾於我儕、
이 어 아 제

所爲何耶、
소 위 하 야

我何事獲罪爾、
아 하 사 획 죄 이

乃陷我於重罪、
내 함 아 어 중 죄

爰及我國、
원 급 아 국

爾之行於我者、
이 지 행 어 아 자

實非所宜、
실 비 소 의

창 20:10

又曰、
우 왈

爾何所見而行是、
이 하 소 견 이 행 시

창 20:11

亞伯拉罕曰、
아 백 랍 한 왈

我意此邦不畏祆上帝、
아 의 차 방 불 외 천 상 제

必緣我妻而殺我、
필 연 아 처 이 살 아

창 20:12

彼誠我妹、
피 성 아 매

同父異母、
동 부 이 모

我娶爲室、
아 취 위 실

창 20:13

昔祆上帝命
석 천 상 제 명

我離父家、
아 리 부 가

遨遊於外、
오 유 어 외

我謂婦曰、
아 위 부 왈

所適之邦、
소 적 지 방

必稱我爲兄、
필 칭 아 위 형

是卽待我以恩也、
시 즉 대 아 이 은 야

창 20:14

亞比米勒遂以
아 비 미 륵 수 이

牛羊僕婢賜之、
우 양 복 비 사 지

幷歸其妻撒拉、
병 귀 기 처 살 랍

창 20:15

曰、
왈

吾之土地、
오 지 토 지

具在爾前、
구 재 이 전

可任意居之、
가 임 의 거 지

창 20:16

謂撒拉曰、
위 살 랍 왈

我以千金賜爾兄、
아 이 천 금 사 이 형

以蔽爾容於衆前、
이 폐 이 용 어 중 전

則爾所行、
칙 이 소 행

無不義矣、
무 불 의 의

창 20:17

亞伯拉罕祈於
아 백 랍 한 기 어

祆上帝、
천 상 제

遂醫亞比米勒、
수 의 아 비 미 륵

與妻及婢、
여 처 급 비

使能生育、
사 능 생 육

창 20:18

蓋耶和華
개 야 화 화

以撒拉故、
이 살 랍 고

曾使亞比米勒
증 사 아 비 미 륵

之眷聚不姙也、
지 권 취 불 임 야

創世記 第二十一章
창 세 기 제 이 십 일 장

창 21:1

耶和華踐其前言、
야 화 화 천 기 전 언

眷顧撒拉、
권 고 살 랍

予以所許、
여 이 소 허

창 21:2

亞伯拉罕暮年、
아 백 랍 한 모 년

撒拉懷姙、
살랍회임

居祆上帝
계천상제

所言之期、
소언지기

誕生男子、
탄생남자

창 21:3

亞伯拉罕以
아백랍한이

其所生之子、
기소생지자

命名以撒、
명명이살

창 21:4

越至八日、
월지팔일

遵祆上帝命、
준천상제명

爲之行割、
위지행할

창 21:5

當以撒生時、
당이살생시

亞伯拉罕適百歲、
아 백 랍 한 적 백 세

창 21:6

撒拉曰、
살 랍 왈

祆上帝使我笑、
천 상 제 사 아 소

凡聞之者、
범 문 지 자

將與我同笑、
장 여 아 동 소

창 21:7

又曰、
우 왈

孰曾告
숙 증 고

亞伯拉罕曰、
아 백 랍 한 왈

撒拉將哺子乎、
살 랍 장 포 자 호

而我於其暮年、
이 아 어 기 모 년

爲之生子矣、○
위 지 생 자 의

창 21:8

子長而斷乳、
자 장 이 단 유

斷乳之日、
단 유 지 일

亞伯拉罕設盛饌、
아 백 랍 한 설 성 찬

창 21:9

埃及婢夏甲、
애 급 비 하 갑

從亞伯拉罕所
종 아 백 랍 한 소

生之子戲謔之、
생 지 자 희 학 지

撒拉見之、
살 랍 견 지

창 21:10

語亞伯拉罕曰、
어 아 백 랍 한 왈

出此婢及其子、
출 차 비 급 기 자

婢之子不得與我
비 지 자 불 득 여 아

子以撒同嗣業、
자 이 살 동 사 업

창 21:11

亞伯拉罕
아 백 랍 한

爲子之故、
위 자 지 고

深以爲憂、
심 이 위 우

창 21:12

祆上帝諭之曰、
천 상 제 유 지 왈

勿爲孺子暨爾
물 위 유 자 기 이

婢而憂、
비 이 우

可聽撒拉所言、
가 청 살 랍 소 언

蓋出自以撒者、
개 출 자 이 살 자

得稱爲爾裔、
득 칭 위 이 예

창 21:13

然婢之子、
연 비 지 자

亦屬爾裔、
역 속 이 예

我必使之爲國、
아 필 사 지 위 국

창 21:14

亞伯拉罕夙興、
아 백 랍 한 숙 흥

取餠、
취 병

及革囊盛水、
급 혁 낭 성 수

與夏甲、
여 하 갑

置之於肩、
치 지 어 견

使攜子去、
사 휴 자 거

遂往、
수 왕

至別是巴野、
지 별 시 파 야

迷其途、
미 기 도

창 21:15

囊水旣罄、
낭 수 기 경

乃置子於小樹下、
내 치 자 어 소 수 하

창 21:16

相去一矢、
상 거 일 시

曰、
왈

我不忍見子死亡、
아 불 인 견 자 사 망

相對而坐、
상 대 이 좌

揚聲號哭、
양 성 호 곡

창 21:17

祆上帝聞孺子聲、
천 상 제 문 유 자 성

其使自天呼
기 사 자 천 호

夏甲曰、
하 갑 왈

夏甲、
하 갑

何事耶、
하 사 야

爾勿懼、
이 물 구

孺子在彼、
유 자 재 피

祆上帝已聞其聲、
천 상 제 이 문 기 성

창 21:18

起而扶之、
기 이 부 지

我將使之
아 장 사 지

成爲大國、
성 위 대 국

창 21:19

祆上帝明其目、
천 상 제 명 기 목

卽見水泉、
즉 견 수 천

遂往、
수 왕

以水充革囊、
이 수 충 혁 낭

飮孺子、
음 유 자

창 21:20

祆上帝佑其孺子、
천 상 제 우 기 유 자

長而居野、
장 이 거 야

長於弧矢、
장 어 호 시

창 21:21

旅巴蘭野、
려 파 란 야

母爲之娶埃
모 위 지 취 애

及女爲室、○
급 녀 위 실

창 21:22

維時、
유 시

亞比米勒與
아 비 미 륵 여

其軍長非各、
기 군 장 비 각

謂亞伯拉罕曰、
위 아 백 랍 한 왈

汝凡所爲、
여 범 소 위

祆上帝偕之、
천 상 제 해 지

창 21:23

今汝在此、
금 여 재 차

當指祆上帝而誓、
당 지 천 상 제 이 서

毋欺我曁我子孫、
무 기 아 기 아 자 손

依我所厚待爾者、
의 아 소 후 대 이 자

待我及爾所
대 아 급 이 소

旅之邦、
려 지 방

창 21:24

亞伯拉罕曰、
아 백 랍 한 왈

我誓之、
아 서 지

창 21:25

先是、
선 시

有井爲亞比米勒
유 정 위 아 비 미 륵

僕強據、
복 강 거

亞伯拉罕責之、
아 백 랍 한 책 지

창 21:26

亞比米勒曰、
아 비 미 륵 왈

是誰所爲、
시 수 소 위

吾弗知也、
오 불 지 야

爾未告我、
이 미 고 아

今日我始聞之、
금 일 아 시 문 지

창 21:27

亞伯拉罕以牛羊
아 백 랍 한 이 우 양

饋亞比米勒、
궤 아 비 미 륵

互相結約、
호 상 결 약

창 21:28

又以牝羔七、
우 이 빈 고 칠

別置一處、
별 지 일 처

창 21:29

亞比米勒曰、
아 비 미 륵 왈

此七牝羔、
차 칠 빈 고

別置一處、
별 지 일 처

何也、
하 야

창 21:30

曰、
왈

爾必由我受之、
이 필 유 아 수 지

以爲我鑿此
이 위 아 착 차

井之據、
정 지 거

창 21:31

因二人相誓於彼、
인 이 인 상 서 어 피

故名其地曰
고 명 기 지 왈

別 是 巴、
별 시 파

창 21:32

彼 旣 立 約 於
피 기 립 약 어

別 是 巴、
별 시 파

亞 比 米 勒 與 其
아 비 미 륵 여 기

軍 長 非 各 啟 行、
군 장 비 각 계 행

歸 非 利 士 地、
귀 비 리 사 지

창 21:33

亞 伯 拉 罕 植 垂
아 백 랍 한 식 수

絲 柳 於 別 是 巴、
사 류 어 별 시 파

禱 永 生 祆 上 帝
도 영 생 천 상 제

耶 和 華 之 名、
야 화 화 지 명

창 21:34

旅 於 非 利 士 地、
려 어 비 리 사 지

歷有多日、
력 유 다 일

創世記第二十二章
창 세 기 제 이 십 이 장

창 22:1

厥後、
궐 후

祆上帝試
천 상 제 시

亞伯拉罕、
아 백 랍 한

呼之曰、
호 지 왈

亞伯拉罕、
아 백 랍 한

曰、
왈

我在此、
아 재 차

창 22:2

曰、
왈

攜汝所愛獨
휴 여 소 애 독

生之子以撒、
생 지 자 이 살

往摩利亞地、
왕 마 리 아 지

在我所示之山、
재 아 소 시 지 산

獻爲燔祭、
헌 위 번 제

창 22:3

亞伯拉罕夙興、
아 백 랍 한 숙 흥

備驢、
비 려

攜二僕及子以撒、
휴 이 복 급 자 이 살

劈柴爲燔、
벽 시 위 번

詣祆上帝
예 천 상 제

所示之地、
소 시 지 지

창 22:4

越至三日、
월 지 삼 일

舉目遙瞻其處、
거 목 요 첨 기 처

창 22:5

謂僕曰、
위 복 왈

爾與驢姑待於此、
이 여 려 고 대 어 차

我與孺子往彼、
아 여 유 자 왕 피

崇拜卽返、
숭 배 즉 반

창 22:6

遂以燔柴、
수 이 번 시

付於其子
부 어 기 자

以撒負之、
이 살 부 지

己則持火及刃、
기 칙 지 화 급 인

與之偕行、
여 지 해 행

창 22:7

以撒曰、
이 살 왈

父歟、
부 여

曰、
왈

吾子、
오 자

余在此、
여 재 차

曰、
왈

火與柴則有之矣、
화 여 시 칙 유 지 의

而所燔之羔安在、
이 소 번 지 고 안 재

창 22:8

曰、
왈

吾子、
오 자

祆上帝將自備羔、
천 상 제 장 자 비 고

以爲燔祭、
이 위 번 제

於是偕行、○
어 시 해 행

창 22:9

至祆上帝
지 천 상 제

所示之處、
소 시 지 처

亞伯拉罕築壇、
아 백 랍 한 축 단

臚列其柴、
려 열 기 시

縛子以撒、
박 자 이 살

置於其上、
치 어 기 상

창 22:10

舉手執刃、
거 수 집 인

將宰其子、
장 재 기 자

창 22:11

耶和華之使
야 화 화 지 사

者自天呼曰、
자 자 천 호 왈

亞伯拉罕、
아 백 랍 한

亞伯拉罕、
아 백 랍 한

曰、
왈

我在此、
아 재 차

창 22:12

曰、
왈

爾於孺子、
이 어 유 자

勿著手、
물 저 수

勿加傷、
물 가 상

蓋爾於我、
개 이 어 아

不惜獨生之子、
불 석 독 생 지 자

我知爾寅畏
아 지 이 인 외

祆上帝矣、
천 상 제 의

창 22:13

亞伯拉罕
아 백 랍 한

擧目以觀、
거 목 이 관

見有牡綿羊在後、
견 유 모 면 양 재 후

角繫林叢、
각 계 림 총

遂往取之、
수 왕 취 지

獻爲燔祭、
헌 위 번 제

以代其子、
이 대 기 자

창 22:14

稱其地曰
칭 기 지 왈

耶和華亦勒、
야 화 화 역 륵

迄今尙有人云、
흘 금 상 유 인 운

在耶和華山必
재 야 화 화 산 필

預備也、
예 비 야

창 22:15

耶和華之使者自
야 화 화 지 사 자 자

天復呼亞伯拉罕、
천 복 호 아 백 랍 한

창 22:16

曰、
왈

耶和華云、
야 화 화 운

爾旣行是、
이 기 행 시

不惜獨生之子、
불 석 독 생 지 자

我則指己而誓、
아 칙 지 기 이 서

창 22:17

必錫爾嘏、
필 석 이 하

昌熾爾裔、
창 치 이 예

如天上之星、
여 천 상 지 성

如海濱之沙、
여 해 빈 지 사

爾裔必據
이 예 필 거

諸敵之邑、
제 적 지 읍

창 22:18

緣爾遵我命、
연 이 준 아 명

天下萬民、
천 하 만 민

將因爾裔而獲福、
장 인 이 예 이 획 복

창 22:19

亞伯拉罕
아 백 랍 한

返至僕所、
반 지 복 소

起而偕行、
기 이 해 행

至別是巴居焉、○
지 별 시 파 거 언

창 22:20

自時厥後、
자 시 궐 후

或告亞伯拉罕曰、
혹 고 아 백 랍 한 왈

密迦從爾弟
밀 가 종 이 제

拿鶴亦生子、
나 학 역 생 자

창 22:21

長子烏斯、
장 자 오 사

及弟布斯、
급 제 포 사

與亞蘭父基母利、
여 아 란 부 기 모 리

창 22:22

暨基薛、
기 기 설

哈瑣、
합 쇄

必達、
필 달

益拉、
익 랍

彼土利、
피 토 리

창 22:23

此八人、
차 팔 인

皆 密 迦 從 亞 伯 拉
개 밀 가 종 아 백 랍

罕 弟 拿 鶴 所 生、
한 제 나 학 소 생

彼 土 利 生 女
피 토 리 생 녀

利 百 加、
리 백 가

창 22:24

拿 鶴 妾 名 流 瑪、
나 학 첩 명 류 마

生 子 提 八、
생 자 제 팔

迦 含、
가 함

他 轄、
타 할

瑪 迦
마 가

創世記 第二十三章
창 세 기 제 이 십 삼 장

창 23:1

撒 拉 享 壽 一
살 랍 향 수 일

百 二 十 七 歲、
백 이 십 칠 세

창 23:2

卒 於 迦 南 之
졸 어 가 남 지

基 列 亞 巴、
기 열 아 파

卽 希 伯 崙、
즉 희 백 륜

亞 伯 拉 罕 來、
아 백 랍 한 래

爲 之 哀 哭、
위 지 애 곡

창 23:3

後 起 離 尸、
후 기 리 시

語 赫 人 曰、
어 혁 인 왈

창 23:4

我 於 爾 中 爲 賓 旅、
아 어 이 중 위 빈 려

請 以 塚 地 與 我、
청 이 총 지 여 아

葬 我 死 者、
장 아 사 자

使之離我、
사 지 리 아

창 23:5

赫人曰、
혁 인 왈

창 23:6

吾主、
오 주

請聽、
청 청

爾於我中、
이 어 아 중

爲祆上帝之牧伯、
위 천 상 제 지 목 백

在我塚地間、
재 아 총 지 간

擇其佳域、
택 기 가 역

以葬爾之死者、
이 장 이 지 사 자

我中無人禁之、
아 중 무 인 금 지

창 23:7

亞伯拉罕起、
아 백 랍 한 기

向土人赫
향 토 인 혁

族而鞠躬、
족 이 국 궁

창 23:8

曰、
왈

爾若有意容
이 약 유 의 용

我得葬死者、
아 득 장 사 자

使之離我、
사 지 리 아

則請聽我言、
칙 청 청 아 언

爲我求瑣轄
위 아 구 쇄 할

子以弗崙、
자 이 불 륜

창 23:9

以其田隅之
이 기 전 우 지

麥比拉穴、
맥 비 랍 혈

足其價值、
족 기 가 지

售我爲業、
수 아 위 업

俾於爾中
비 어 이 중

得有塚地、
득 유 총 지

창 23:10

以弗崙、
이 불 륜

赫族也、
혁 족 야

時、
시

坐於赫人中、
좌 어 혁 인 중

於入邑門之
어 입 읍 문 지

赫人前、
혁 인 전

謂亞伯拉罕曰、
위 아 백 랍 한 왈

창 23:11

主 歟、
주 여

勿 爾、
물 이

請 聽 我 言、
청 청 아 언

我 以 田 及 田 之 穴、
아 이 전 급 전 지 혈

於 我 同 族
어 아 동 족

人 前 予 爾、
인 전 여 이

可 葬 汝 之 死 者、
가 장 여 지 사 자

창 23:12

亞 伯 拉 罕 遂 向
아 백 랍 한 수 향

土 人 而 鞠 躬、
토 인 이 국 궁

창 23:13

當 衆 前 謂
당 중 전 위

以 弗 崙 曰、
이 불 륜 왈

請聽我言、
청 청 아 언

我將以金購田、
아 장 이 금 구 전

爾其受之、
이 기 수 지

使我得葬死者、
사 아 득 장 사 자

창 23:14

以弗崙曰、
이 불 륜 왈

吾主、
오 주

請聽、
청 청

其田值金四
기 전 치 금 사

百舍客勒、
백 사 객 륵

창 23:15

爾我之間、
이 아 지 간

何足算哉、
하 족 산 재

請葬死者、
청 장 사 자

창 23:16

亞伯拉罕從
아 백 랍 한 종

以弗崙言、
이 불 륜 언

依其當赫
의 기 당 혁

人前所定、
인 전 소 정

權商賈通用之金四
권 상 가 통 용 지 금 사

百舍客勒予之、○
백 사 객 륵 여 지

창 23:17

如是、
여 시

以弗崙之田、
이 불 륜 지 전

在麥比拉、
재 맥 비 랍

與幔利相對者、
여 만 리 상 대 자

田與穴、
전 여 혈

曁四周之林木、
기 사 주 지 림 목

창 23:18

於入邑門
어 입 읍 문

之赫人前、
지 혁 인 전

俱定與亞伯拉罕
구 정 여 아 백 랍 한

爲業、
위 업

창 23:19

厥後亞伯拉罕、
궐 후 아 백 랍 한

葬其妻撒拉於
장 기 처 살 랍 어

對乎幔利、
대 호 만 리

麥比拉田之穴、
맥 비 랍 전 지 혈

幔利卽希伯崙、
만 리 즉 희 백 륜

在迦南地、
재 가 남 지

창 23:20

田及穴、
전 급 혈

赫人定與亞伯拉罕
혁 인 정 여 아 백 랍 한

爲塚地、
위 종 지

創世記 第二十四章
창 세 기 제 이 십 사 장

창 24:1

亞伯拉罕
아 백 랍 한

壽高年邁、
수 고 년 매

耶和華於凡
야 화 화 어 범

事錫之嘏、
사 석 지 하

창 24:2

亞伯拉罕
아 백 랍 한

語其家宰、
어 기 가 재

卽司全業
즉 사 전 업

之老僕曰、
지 노 복 왈

爾其置手
이 기 치 수

於我髀下、
어 아 비 하

창 24:3

指天地之祆上帝
지 천 지 지 천 상 제

耶和華而誓、
야 화 화 이 서

我居迦南人中、
아 거 가 남 인 중

勿娶其女、
물 취 기 녀

爲我子婦、
위 아 자 부

창 24:4

必返故土、
필 반 고 토

在戚族中、
재 척 족 중

爲我子以撒娶焉、
위 아 자 이 살 취 언

창 24:5

僕曰、
복 왈

假令其女不
가 령 기 녀 불

欲從我來此、
욕 종 아 래 차

我以爾子仍
아 이 이 자 잉

歸故鄕可乎、
귀 고 향 가 호

창 24:6

亞伯拉罕曰、
아 백 랍 한 왈

愼勿使我
신 물 사 아

子歸故鄕、
자 귀 고 향

창 24:7

天上祆上帝
천 상 천 상 제

耶和華、
야 화 화

昔導我出父家、
석 도 아 출 부 가

離故土、
리 고 토

誓以斯地
서 이 사 지

錫我苗裔、
석 아 묘 예

必遣厥使導爾、
필 견 궐 사 도 이

使爲我子
사 위 아 자

娶於故土、
취 어 고 토

창 24:8

設女不欲從爾、
설 녀 불 욕 종 이

則此誓與爾無與、
칙 차 서 여 이 무 여

惟不可挈我
유 불 가 설 아

子返於故鄉、
자 반 어 고 향

창 24:9

僕遂置手於其主
복수지수어기주

亞伯拉罕髀下、
아백랍한비하

如命而誓、○
여명이서

창 24:10

於是僕自其主
어시복자기주

之駝中取十、
지타중취십

並攜主家之佳品、
병휴주가지가품

起而往米所
기이왕미소

波大米、
파대미

詣拿鶴所居之邑、
예나학소거지읍

창 24:11

日暮、
일모

衆女出汲時、
중녀출급시

僕使駝伏於
복 사 타 복 어

邑外井旁、
읍 외 정 방

창 24:12

曰、
왈

吾主亞伯拉罕之
오 주 아 백 랍 한 지

祆上帝耶和華歟、
천 상 제 야 화 화 여

祈施恩於我
기 시 은 어 아

主亞伯拉罕、
주 아 백 랍 한

使我今日所
사 아 금 일 소

遇順適、
우 순 적

창 24:13

我立井旁、
아 립 정 방

邑人之女、
읍 인 지 녀

出以汲水、
출 이 급 수

창 24:14

我將謂一女曰、
아 장 위 일 녀 왈

請爾下缾飮我、
청 이 하 병 음 아

彼若云請飮、
피 약 운 청 음

亦飮爾駝、
역 음 이 타

則願其女
칙 원 기 녀

爲爾所定、
위 이 소 정

與爾僕以撒爲妻、
여 이 복 이 살 위 처

由此可知爾
유 차 가 지 이

施恩於我主、
시 은 어 아 주

창 24:15

言未旣、
언 미 기

利百加肩負缾出、
리 백 가 견 부 병 출

彼乃亞伯拉罕
피 내 아 백 랍 한

弟拿鶴、
제 나 학

與妻密迦之子
여 처 밀 가 지 자

彼土利所生者、
피 토 리 소 생 자

창 24:16

女容甚麗、
녀 용 심 려

尙爲處子、
상 위 처 자

未曾適人、
미 증 적 인

臨井汲水、
림 정 급 수

盈缾而上、
영 병 이 상

창 24:17

僕趨迎之、
복 추 영 지

曰、
왈

請以缾水、
정 이 병 수

飮我少許、
음 아 소 허

창 24:18

曰、
왈

吾主、
오 주

請飮、
청 음

乃急下缾以飮之、
내 급 하 병 이 음 지

창 24:19

飮畢、
음 필

又曰、
우 왈

我更汲水、
아 경 급 수

以飮爾駝、
이 음 이 타

迨足其量、
태 족 기 량

창 24:20

遂急傾缾於槽、
수 급 경 병 어 조

復趨井而汲、
복 추 정 이 급

以飮羣駝、
이 음 군 타

창 24:21

僕目之、
복 목 지

默然弗語、
묵 연 불 어

欲知耶和華
욕 지 야 화 화

果賜坦途否、
과 사 탄 도 부

창 24:22

俟駝飮竟、
사 타 음 경

乃取金環、
내 취 금 환

重半舍客勒、
중 반 사 객 륵

金釧二、
금 천 이

重十舍客勒、
중 십 사 객 륵

창 24:23

謂之曰、
위 지 왈

汝誰氏女、
여 수 씨 녀

請告我、
청 고 아

汝父之家、
여 부 지 가

有隙地以寓我乎、
유 극 지 이 우 아 호

창 24:24

曰、
왈

我乃拿鶴與密迦
아 내 나 학 여 밀 가

子彼土利之女、
자 피 토 리 지 녀

창 24:25

又曰、
우 왈

我家芻糧具足、
아 가 추 량 구 족

亦有隙地、
역 유 극 지

可以容宿、
가 이 용 숙

창 24:26

僕遂俯首、
복 수 부 수

崇拜耶和華、
숭 배 야 화 화

창 24:27

曰、
왈

吾主亞伯拉罕之
오 주 아 백 랍 한 지

祆上帝耶和華、
천 상 제 야 화 화

宜頌美焉、
의 송 미 언

彼於我主、
피 어 아 주

不絕其仁與誠、
불 절 기 인 여 성

且於途中導我、
자 어 도 중 도 아

至吾主昆弟
지 오 주 곤 제

之家、○
지 가

창 24:28

女趨告其母家、
녀 추 고 기 모 가

창 24:29

利百加有兄
리 백 가 유 형

名拉班、
명 랍 반

見環與手釧、
견 환 여 수 천

聞妹利百加述
문 매 리 백 가 술

僕所言、
복 소 언

則趨外而迎之、
칙 추 외 이 영 지

창 24:30

時、
시

僕尚立井旁、
복 상 립 정 방

駝亦在側、
타 역 재 측

창 24:31

語之曰、
어 지 왈

爾蒙耶和華
이 몽 야 화 화

錫嘏者、
석 하 자

請入、
청 입

奚竚於外、
해 저 어 외

我已備室、
아 이 비 실

駝亦有所、
타 역 유 소

창 24:32

僕遂入室、
복 수 입 실

拉班釋駝之負、
랍 반 석 타 지 부

給以芻糧、
급이추량

取水與僕及
취수여복급

從者濯足、
종자탁족

창 24:33

陳食其前以食之、
진식기전이식지

僕曰、
복왈

吾事未述、
오사미술

不敢先食、
불감선식

曰、
왈

請述之、
청술지

창 24:34

曰、
왈

我乃亞伯拉罕僕、
아내아백랍한복

창 24:35

耶和華錫嘏吾
야 화 화 석 하 오

主甚厚、
주 심 후

使之昌大、
사 지 창 대

賜以金銀僕婢、
사 이 금 은 복 비

牛羊駝驢、
우 양 타 려

창 24:36

主母撒拉、
주 모 살 랍

老而生子、
로 이 생 자

我主所有、
아 주 소 유

悉予斯男、
실 여 사 남

창 24:37

吾主令我誓曰、
오 주 령 아 서 왈

余居迦南、
여 거 가 남

勿娶其女、
물 취 기 녀

爲我子婦、
위 아 자 부

창 24:38

必詣父家戚屬、
필 예 부 가 척 속

爲子娶室、
위 자 취 실

창 24:39

我謂主曰、
아 위 주 왈

恐女不從我、
공 녀 불 종 아

창 24:40

主曰、
주 왈

我所事之耶和華、
아 소 사 지 야 화 화

將遣厥使偕爾、
장 견 궐 사 해 이

賜爾坦途、
사 이 탄 도

可於父家戚屬中、
가 어 부 가 척 속 중

爲子娶室、
위 자 취 실

창 24:41

設或造我戚屬、
설 혹 조 아 척 속

而彼不與、
이 피 불 여

則此誓與爾無與、
즉 차 서 여 이 무 여

창 24:42

今日我至井旁、
금 일 아 지 정 방

禱曰、
도 왈

吾主亞伯拉罕之
오 주 아 백 랍 한 지

祆上帝耶和華、
천 상 제 야 화 화

如果賜我坦途、
여 과 사 아 탄 도

창 24:43

茲立井旁、
자 립 정 방

有女出汲、
유 녀 출 급

我謂之曰、
아 위 지 왈

請以缾水、
청 이 병 수

飮我少許、
음 아 소 허

창 24:44

若言且飮、
약 언 차 음

亦爲駝汲、
역 위 타 급

則願其女爲
칙 원 기 녀 위

耶和華所定、
야 화 화 소 정

以與吾主之子、
이 여 오 주 지 자

창 24:45

默祝未竟、
묵 축 미 경

而利百加出、
이 리 백 가 출

負缾於肩、
부 병 어 견

臨井以汲、
림 정 이 급

我謂之曰、
아 위 지 왈

請予我飮、
청 여 아 음

창 24:46

女卽下缾、
녀 즉 하 병

曰、
왈

且飮、
차 음

吾亦飮駝、
오 역 음 타

我遂飮、
아 수 음

女亦飮駝、
녀 역 음 타

창 24:47

我問曰、
아 운 왈

汝誰氏女、
여 수 씨 녀

曰、
왈

我乃拿鶴與密迦
아 내 나 학 여 밀 가

子彼土利之女也、
자 피 토 리 지 녀 야

我遂置環於其鼻、
아 수 치 환 어 기 비

著釧於其手、
저 천 어 기 수

창 24:48

俯首崇拜、
부 수 숭 배

頌美吾主亞伯拉罕
송 미 오 주 아 백 랍 한

之祆上帝耶和華、
지 천 상 제 야 화 화

導我以正途、
도 아 이 정 도

使取主弟之孫、
사 취 주 제 지 손

爲主子之室、
위 주 자 지 실

창 24:49

爾若待我
이 약 대 아

主以仁誠、
주 이 인 성

則告我、
칙 고 아

否亦告我、
부 역 고 아

使我知所左右、○
사 아 지 소 좌 우

창 24:50

拉班與彼土利曰、
랍 반 여 피 토 리 왈

斯事由於耶和華、
사 사 유 어 야 화 화

我儕不能與
아 제 불 능 여

汝言其是非、
여 언 기 시 비

창 24:51

利百加在爾前、
리 백 가 재 이 전

可攜之歸、
가 휴 지 귀

與主之子爲室、
여 주 지 자 위 실

遵耶和華命、
준 야 화 화 명

창 24:52

亞伯拉罕
아 백 랍 한

之僕聞言、
지 복 문 언

俯伏於地、
부 복 어 지

崇拜耶和華、
숭 배 야 화 화

창 24:53

出金銀器皿與衣、
출 금 은 기 명 여 의

饋利百加、
궤 리 백 가

又以寶物饋其兄、
우 이 보 물 궤 기 형

及其母、
급 기 모

창 24:54

僕與從者
복 여 종 자

飮食而宿、
음 식 이 숙

夙興、
숙 흥

曰、
왈

願遣歸我主、
원 견 귀 아 주

창 24:55

利百加兄
리 백 가 형

與其母曰、
여 기 모 왈

容女少留、
용 녀 소 류

偕我居處、
해 아 거 처

歷至旬日、
력 지 순 일

然後啓行、
연 후 계 행

창 24:56

曰、
왈

勿阻我、
물 조 아

耶和華賜我坦途、
야 화 화 사 아 탄 도

請遣歸我主、
청 견 귀 아 주

창 24:57

曰、
왈

可呼女而問之、
가 호 녀 이 문 지

창 24:58

乃呼利百加曰、
내 호 리 백 가 왈

爾願與此
이 원 여 차

人偕行乎、
인 해 행 호

曰、
왈

願之、
원 지

창 24:59

遂遣利百加
수 견 리 백 가

與其媼、
여 기 온

同亞伯拉罕僕、
동 아 백 랍 한 복

曁從者而去、
기 종 자 이 거

창 24:60

祝利百加曰、
축 리 백 가 왈

願妹爲億兆之母、
원 매 위 억 조 지 모

爾裔獲仇敵
이 예 획 구 적

之邑、○
지 읍

창 24:61

利百加起、
리 백 가 기

與婢乘駝從僕、
여 비 승 타 종 복

僕攜之歸、
복 휴 지 귀

창 24:62

時、
시

以撒居南方、
이 살 거 남 방

適自庇耳拉
적 자 비 이 랍

海萊來、
해 래 래

창 24:63

暮出於田、
모 출 어 전

默然靜思、
묵 연 정 사

擧目見羣駝至、
거 목 견 군 타 지

창 24:64

利百加望見以撒、
리 백 가 망 견 이 살

乃下駝、
내 하 타

창 24:65

問僕曰、
문 복 왈

遊於田而迓
유 어 전 이 아

我者爲誰、
아 자 위 수

曰、
왈

我主也、
아 주 야

利百加遂
리 백 가 수

取帕自蒙、
취 파 자 몽

창 24:66

僕以所爲
복 이 소 위

悉告以撒、
실 고 이 살

창 24:67

以撒導利百加
이 살 도 리 백 가

入母撒拉之幕、
입 모 살 랍 지 막

娶以爲室、
취 이 위 실

且愛慕之、
차 애 모 지

自母沒後、
자 모 몰 후

至此始獲慰藉、
지 차 시 획 위 자

創世記 第二十五章
창 세 기 제 이 십 오 장

창 25:1

亞伯拉罕
아 백 랍 한

繼娶一妻、
계 취 일 처

名基土拉、
명 기 토 랍

창 25:2

生心蘭、
생 심 란

約珊、
약 산

米但、
미 단

米甸、
미 전

伊施巴、
이 시 파

書亞、
서 아

창 25:3

約珊生示巴、
약 산 생 시 파

底但、
저 단

底但生亞書利族、
저 단 생 아 서 리 족

利都是族、
리 도 시 족

利烏米族、
리 오 미 족

창 25:4

米甸生以法、
미 전 생 이 법

以弗、
이 불

哈諾、
합 낙

亞比大、
아 비 대

以勒大、
이 륵 대

咸屬基土拉之裔、
함 속 기 토 랍 지 예

창 25:5

亞伯拉罕
아 백 랍 한

以凡所有、
이 범 소 유

遺於以撒、
유 어 이 살

창 25:6

衆妾之子、
중 첩 지 자

貺以財物、
황 이 재 물

當其存時、
당 기 존 시

遣往東方、
견 왕 동 방

以避以撒、
이 피 이 살

창 25:7

亞伯拉罕享壽
아 백 랍 한 향 수

一百七十五歲、
일 백 칠 십 오 세

창 25:8

壽高年邁、
수 고 년 매

氣絕而終、
기 절 이 종

歸於列祖、
귀 어 열 조

창 25:9

其子以撒、
기 자 이 삭

與以實瑪利、
여 이 실 마 리

葬之於麥比拉穴、
장 지 어 맥 비 랍 혈

與幔利相對、
여 만 리 상 대

赫人瑣轄子
혁 인 쇄 할 자

以弗崙之田、
이 불 륜 지 전

창 25:10

卽亞伯拉罕購
즉 아 백 랍 한 구

自赫人者、
자 혁 인 자

亞伯拉罕
아 백 랍 한

與妻撒拉、
여 처 살 랍

同葬於此、
동 장 어 차

창 25:11

亞伯拉罕卒後、
아 백 랍 한 졸 후

祆上帝錫嘏
천 상 제 석 하

其子以撒、
기 자 이 살

以撒附庇耳拉
이 살 부 비 이 랍

海萊而居、○
해 래 이 거

창 25:12

亞伯拉罕子
아 백 랍 한 자

以實瑪利、
이 실 마 리

卽撒拉婢埃及
즉 살 랍 비 애 급

女夏甲所生者、
녀 하 갑 소 생 자

창 25:13

其裔、
기 예

循其世系名氏、
순 기 세 계 명 씨

記列於左、
기 열 어 좌

以實瑪利長子
이 실 마 리 장 자

尼拜約、
니 배 약

及基達、
급 기 달

亞德別、
아 덕 별

米比衫、
미 비 삼

창 25:14

米施瑪、
미 시 마

度瑪、
도 마

瑪撒、
마 살

창 25:15

哈 大、
합 대

提 瑪、
제 마

伊 突、
이 돌

拿 非 施、
나 비 시

基 底 瑪、
기 저 마

창 25:16

此 皆 以 實 瑪 利
차 개 이 실 마 리

諸 子 之 名、
제 자 지 명

隨 其 鄕 里 屯 營、
수 기 향 리 둔 영

爲 十 二 族 之 牧 伯、
위 십 이 족 지 목 백

창 25:17

以 實 瑪 利 享 壽
이 실 마 리 향 수

一 百 三 十 七 歲、
일 백 삼 십 칠 세

氣絕而終、
기 절 이 종

歸於列祖、
귀 어 열 조

창 25:18

其裔所居之地、
기 예 소 거 지 지

在其同族之東、
재 기 동 족 지 동

自哈腓拉、
자 합 비 랍

至埃及左之書珥、
지 애 급 좌 지 서 이

達於亞述、○
달 어 아 술

창 25:19

以撒之紀如左、
이 살 지 기 여 좌

亞伯拉罕生以撒、
아 백 랍 한 생 이 살

창 25:20

以撒年四十、
이 살 년 사 십

娶利百加爲妻、
취 리 백 가 위 처

卽巴旦亞蘭地、
즉 파 단 아 란 지

亞蘭人彼土
아 란 인 피 토

利之女、
리 지 녀

拉班之妹、
랍 반 지 매

창 25:21

以撒之妻不姙、
이 삭 지 처 불 임

以撒爲之祈
이 삭 위 지 기

耶和華、
야 화 화

耶和華允之、
야 화 화 윤 지

利百加遂懷姙、
리 백 가 수 회 임

창 25:22

腹中雙胎相爭、
복 중 쌍 태 상 쟁

利百加曰、
리 백 가 왈

如果有此、
여 과 유 차

我何以爲生、
아 하 이 위 생

乃往問於耶和華、
내 왕 문 어 야 화 화

창 25:23

耶和華曰、
야 화 화 왈

爾胎所懷、
이 태 소 회

乃爲二國、
내 위 이 국

自腹而出、
자 복 이 출

分爲二民、
분 위 이 민

此強於彼、
차 강 어 피

長事其幼、
장 사 기 유

창 25:24

屆期孿生、
계 기 련 생

창 25:25

首 産 者 紅、
수 산 자 홍

遍 體 有 毛 如 裘、
편 체 유 모 여 구

命 名 以 掃、
명 명 이 소

창 25:26

後 出 之 弟、
후 출 지 제

手 執 兄 踵、
수 집 형 종

命 名 雅 各、
명 명 아 각

二 子 生 時、
이 자 생 시

以 撒 年 已 六 旬、○
이 살 년 이 육 순

창 25:27

二 子 旣 長、
이 자 기 장

以 掃 善 獵、
이 소 선 렵

遨 遊 於 野、
오 유 어 야

雅各恬靜、
아 각 념 정

居處於幕、
거 처 어 막

창 25:28

以撒嗜野味、
이 살 기 야 미

愛以掃、
애 이 소

利百加愛雅各、
리 백 가 애 아 각

창 25:29

一日雅各煮羹、
일 일 아 각 자 갱

以掃自野歸、
이 소 자 야 귀

憊甚、
비 심

창 25:30

謂雅各曰、
위 아 각 왈

我憊矣、
아 비 의

以此紅者食我、
이 차 홍 자 식 아

緣是、
연 시

以掃又名以東、
이 소 우 명 이 동

창 25:31

雅各曰、
아 각 왈

爾以長子之業、
이 이 장 자 지 업

先鬻於我、
선 죽 어 아

창 25:32

以掃曰、
이 소 왈

我將死矣、
아 장 사 의

長子之業、
장 자 지 업

於我奚裨、
어 아 해 비

창 25:33

雅各曰、
아 각 왈

先誓於我、
선 서 어 아

以掃誓之、
이 소 서 지

於是以其長子
어 시 이 기 장 자

之業、
지 업

鬻於雅各、
죽 어 아 각

창 25:34

雅各乃以餠及
아 각 내 이 병 급

豆羹予以掃、
두 갱 여 이 소

以掃食之飮之、
이 소 식 지 음 지

起而往、
기 이 왕

其藐視長子之
기 막 시 장 자 지

業如此、
업 여 차

創世記 第二十六章
창 세 기 제 이 십 륙 장

창 26:1

亞伯拉罕時、
아 백 랍 한 시

歲饑、
세 기

以撒時、
이 삭 시

其地又饑、
기 지 우 기

乃往基拉耳、
내 왕 기 랍 이

詣非利士王
예 비 리 사 왕

亞比米勒、
아 비 미 륵

창 26:2

耶和華顯見、
야 화 화 현 견

諭以撒曰、
유 이 삭 왈

毋往埃及、
무 왕 애 급

必居我所示之地、
필 거 아 소 시 지 지

창 26:3

旅於斯土、
려 어 사 토

我將偕爾、
아 장 해 이

錫爾以嘏、
석 이 이 하

以此列邦賜爾、
이 차 열 방 사 이

爰及苗裔、
원 급 묘 예

昔與乃父亞伯拉罕
석 여 내 부 아 백 랍 한

所誓者、
소 서 자

我必踐其言、
아 필 천 기 언

창 26:4

繁衍爾裔、
번 연 이 예

如天之星、
여 천 지 성

以此列邦予之、
이 차 열 방 여 지

天下萬民、
천 하 만 민

因之獲福、
인 지 획 복

창 26:5

蓋亞伯拉罕
개 아 백 랍 한

聽我言、
청 아 언

奉我令、
봉 아 령

遵我誡命、
준 아 계 명

典章法度、
전 장 법 도

창 26:6

以撒旅於基拉耳、
이 살 려 어 기 랍 이

창 26:7

居民詢及其妻、
거 민 순 급 기 처

曰、
왈

我妹也、
아 매 야

蓋有殊色、
개 유 수 색

故 懼 以 妻 相 稱、
고 구 이 처 상 칭

恐 居 民 爲 利 百 加
공 거 민 위 리 백 가

而 殺 之 也、
이 살 지 야

창 26:8

居 彼 日 久、
거 피 일 구

非 利 士 王 亞 比 米
비 리 사 왕 아 비 미

勒 自 牖 窺 之、
륵 자 유 규 지

適 以 撒 與 利 百 加
적 이 살 여 리 백 가

嬉 戲、
희 희

창 26:9

召 之 曰、
소 지 왈

彼 果 爾 妻、
피 과 이 처

何 謂 爲 妹、
하 위 위 매

曰、
왈

竊恐因之見殺、
절 공 인 지 견 살

창 26:10

亞比米勒曰、
아 비 미 륵 왈

爾於我儕、
이 어 아 제

所爲何耶、
소 위 하 야

幾致民中有
기 치 민 중 유

人與爾妻寢、
인 여 이 처 침

陷我於罪、
함 아 어 죄

창 26:11

乃諭民曰、
내 유 민 왈

犯此人與其妻者、
범 차 인 여 기 처 자

殺無赦、○
살 무 사

창 26:12

以撒耕稼於斯、
이 살 경 가 어 사

是年獲有百倍、
시 년 획 유 백 배

耶和華錫之嘏、
야 화 화 석 지 하

창 26:13

遂以昌大、
수 이 창 대

日增月盛、
일 증 월 성

竟成巨富、
경 성 거 부

창 26:14

牛羊成羣、
우 양 성 군

僕從甚衆、
복 종 심 중

非利士人妒之、
비 리 사 인 투 지

창 26:15

昔其父亞伯拉罕
석 기 부 아 백 랍 한

僕所鑿之井、
복 소 착 지 정

非利士人塞
비 리 사 인 새

之以土、
지 이 토

창 26:16

亞比米勒
아 비 미 륵

謂以撒曰、
위 이 살 왈

爾較我強大、
이 교 아 강 대

請去我、
청 거 아

창 26:17

遂去之、
수 거 지

張幕於基拉耳
장 막 어 기 랍 이

谷居焉、○
곡 거 언

창 26:18

亞伯拉罕
아 백 랍 한

所鑿之井、
소 착 지 정

非利士人塞之、
비 리 사 인 새 지

以撒復鑿、
이 삼 복 착

以父所名名之、
이 부 소 명 명 지

창 26:19

以撒僕鑿
이 삼 복 착

井於谷中、
정 어 곡 중

得活泉、
득 활 천

창 26:20

基拉耳牧者與
기 랍 이 목 자 여

以撒牧者爭曰、
이 삼 목 자 쟁 왈

此水屬我、
차 수 속 아

緣相爭故、
연 상 쟁 고

以撒名其井
이 삼 명 기 정

曰埃色、
왈 애 색

창 26:21

又鑿一井、
우 착 일 정

猶相爭、
유 상 쟁

故名之曰西提拿、
고 명 지 왈 서 제 나

창 26:22

以撒離彼、
이 살 리 피

復鑿一井、
복 착 일 정

乃不相爭、
내 불 상 쟁

故名之曰利河伯、
고 명 지 왈 리 하 백

曰、
왈

耶和華使我寬舒、
야 화 화 사 아 관 서

將繁衍於斯土、○
장 번 연 어 사 토

창 26:23

以撒去彼、
이 살 거 피

往別是巴、
왕 별 시 파

창 26:24

是夜耶和華顯見、
시 야 야 화 화 현 견

諭之曰、
유 지 왈

我乃爾父亞伯
아 내 이 부 아 백

拉罕之祆上帝、
랍 한 지 천 상 제

勿懼、
물 구

爲我僕亞
위 아 복 아

伯拉罕故、
백 랍 한 고

我必偕爾、
아 필 해 이

錫爾以嘏、
석 이 이 하

繁衍爾裔、
번 연 이 예

창 26:25

以撒築壇於彼、
이 살 축 단 어 피

籲耶和華名、
유 야 화 화 명

遂張幕、
수 장 막

僕鑿井焉、○
복 착 정 언

창 26:26

亞比米勒與
아 비 미 륵 여

友亞戶撒、
우 아 호 살

及軍長非各、
급 군 장 비 각

自基拉耳來見之、
자 기 랍 이 래 견 지

창 26:27

以撒曰、
이 살 왈

昔爾憾我屛我、
석 이 감 아 병 아

今何來見、
금 하 래 견

창 26:28

曰、
왈

我儕知耶和華
아 제 지 야 화 화

偕汝、
해 여

竊謂爾我
절 위 이 아

間當立誓、
간 당 립 서

互相結盟、
호 상 결 맹

창 26:29

俾爾無害於我、
비 이 무 해 어 아

如我未害於爾、
여 아 미 해 어 이

惟厚待爾、
유 후 대 이

送爾安然以歸、
송 이 안 연 이 귀

爾乃耶和華
이 내 야 화 화

所錫嘏者、
소 석 하 자

창 26:30

以撒遂爲之設筵、
이 살 수 위 지 설 연

式飮式食、
식 음 식 식

창 26:31

夙興相誓、
숙 흥 상 서

以撒送之、
이 살 송 지

安然以歸、
안 연 이 귀

창 26:32

是日以撒僕以鑿
시 일 이 살 복 이 착

井事來告曰、
정 사 래 고 왈

我得水矣、
아 득 수 의

창 26:33

乃名之曰示巴、
내 명 지 왈 시 파

故其邑名別是巴、
고 기 읍 명 별 시 파

至於今日、○
지 어 금 일

창 26:34

以掃年四十、
이 소 년 사 십

娶赫人比利
취 혁 인 비 리

之女猶滴、
지 녀 유 적

與赫人以倫之
여 혁 인 이 륜 지

女巴實抹爲室、
녀 파 실 말 위 실

창 26:35

二婦使以撒與
이 부 사 이 살 여

利百加心憂、
리 백 가 심 우

創世記 第二十七章
창 세 기 제 이 십 칠 장

창 27:1

以撒年邁、
이 살 년 매

目眊不明、
목 모 불 명

召長子以掃曰、
소 장 자 이 소 왈

吾子、
오 자

曰、
왈

我在此、
아 재 차

창 27:2

曰、
왈

吾老矣、
오 로 의

不知何日而死、
불 지 하 일 이 사

창 27:3

其執爾器、
기 집 이 기

弓與矢囊、
궁 여 시 낭

往於田野、
왕 어 전 야

爲我行獵、
위 아 행 렵

창 27:4

以作嘉肴、
이 작 가 효

依我所嗜、
의 아 소 기

進與我食、
진 여 아 식

及我未死、
급 아 미 사

爲爾祝嘏、○
위 이 축 하

창 27:5

以撒語子
이 살 어 자

以掃之言、
이 소 지 언

利百加聞之、
리 백 가 문 지

창 27:6

以掃旣適野獵獸、
이 소 기 적 야 렵 수

利百加謂
리 백 가 위

子雅各曰、
자 아 각 왈

我 聞 爾 父 謂
아 문 이 부 위

爾 兄 以 掃 云、
이 형 이 소 운

창 27:7

可 獲 野 獸、
가 획 야 수

以 作 嘉 肴、
이 작 가 효

與 我 食 之、
여 아 식 지

及 我 未 死、
급 아 미 사

於 耶 和 華 前、
어 야 화 화 전

爲 爾 祝 嘏、
위 이 축 하

창 27:8

我 子 須 聽 我 言、
아 자 수 청 아 언

循 我 所 命、
순 아 소 명

창 27:9

可 往 羊 羣、
가 왕 양 군

取山羊之美羔二、
취 산 양 지 미 고 이

我作嘉肴、
아 작 가 효

依父所嗜、
의 부 소 기

창 27:10

爾進於父食之、
이 진 어 부 식 지

及其未死、
급 기 미 사

爲爾祝嘏、
위 이 축 하

창 27:11

雅各謂母曰、
아 각 위 모 왈

我兄遍體有毛、
아 형 편 체 유 모

我乃光潔、
아 내 광 결

창 27:12

設父捫我、
설 부 문 아

以我欺父、
이 아 기 부

恐求祝而反見詛、
공 구 축 이 반 견 저

창 27:13

母曰、
모 왈

吾子、
오 자

爾若見詛、
이 약 견 저

我自當之、
아 자 당 지

第從我言、
제 종 아 언

往取其羔、
왕 취 기 고

창 27:14

乃往取與母、
내 왕 취 여 모

母作嘉肴、
모 작 가 효

依父所嗜、
의 부 소 기

창 27:15

長子以掃有美服、
장 자 이 소 유 미 복

存於室、
존 어 실

利百加取之、
리 백 가 취 지

以衣季子雅各、
이 의 계 자 아 각

창 27:16

又以山羊羔
우 이 산 양 고

皮蒙其手、
피 몽 기 수

及光潔之頸、
급 광 결 지 경

창 27:17

以所作之
이 소 작 지

嘉肴與餅、
가 효 여 병

付子雅各、○
부 자 아 각

창 27:18

雅各進於父曰、
아 각 진 어 부 왈

父歟、
부 여

曰、
왈

我在此、
아재차

吾子、
오자

爾爲誰、
이위수

창 27:19

雅各曰、
아각왈

我乃長子以掃、
아내장자이소

遵命而行、
준명이행

請起而坐、
청기이좌

食所獵者、
식소렵자

祝嘏於我、
축하어아

창 27:20

以撒曰、
이살왈

吾子獲之、
오 자 획 지

何若是之速也、
하 약 시 지 속 야

曰、
왈

爾祆上帝耶和華
이 천 상 제 야 화 화

使我疾獲之、
사 아 질 획 지

창 27:21

以撒曰、
이 살 왈

吾子來前、
오 자 래 전

俾我捫爾、
비 아 문 이

果我子以掃否、
과 아 자 이 소 부

창 27:22

雅各進前、
아 각 진 전

以撒捫之、
이 살 문 지

曰、
왈

聲則雅各聲、
성 칙 아 각 성

手則以掃手也、
수 칙 이 소 수 야

창 27:23

因其手有毛、
인 기 수 유 모

似兄以掃、
사 형 이 소

末由分辨、
말 유 분 변

遂爲祝嘏、
수 위 축 하

창 27:24

又曰、
우 왈

爾誠我子以掃否、
이 성 아 자 이 소 부

曰、
왈

然、
연

창 27:25

曰、
왈

以子所獲者
이 자 소 획 자

陳於前、
진 어 전

待我食之、
대 아 식 지

爲爾祝嘏、
위 이 축 하

乃進前、
내 진 전

父食之、
부 식 지

又奉酒、
우 봉 주

亦飮之、
역 음 지

창 27:26

以撒曰、
이 삭 왈

吾子來前、
오 자 래 전

與我接吻、
여 아 접 문

창 27:27

遂前吻父、
수 전 문 부

父聞其衣馨香、
부 문 기 의 형 향

祝曰、
축 왈

吾子之馨香、
오 자 지 형 향

如耶和華所
여 야 화 화 소

祚之田然、
조 지 전 연

창 27:28

願祆上帝錫
원 천 상 제 석

爾天之甘露、
이 천 지 감 로

地之沃壤、
지 지 옥 양

穀酒豐盛、
곡 주 풍 성

창 27:29

兆民服役爾側、
조 민 복 역 이 측

列國拜跪爾前、
열 국 배 궤 이 전

兄弟尊爾爲主、
형 제 존 이 위 주

同胞拜跪於爾、
동 포 배 궤 어 이

詛爾者必見詛、
저 이 자 필 견 저

祝爾者必見祝、○
축 이 자 필 견 축

창 27:30

以撒祝竟、
이 살 축 경

雅各甫離父出、
아 각 보 리 부 출

適其兄以掃
적 기 형 이 소

獵而歸、
렵 이 귀

창 27:31

亦作嘉肴、
역 작 가 효

進於父、
진 어 부

曰、
왈

請父起、
청 부 기

食子所獵、
식 자 소 렵

祝嘏於我、
축 하 어 아

창 27:32

其父以撒曰、
기 부 이 삭 왈

爾爲誰、
이 위 수

曰、
왈

長子以掃、
장 자 이 소

창 27:33

以撒戰慄不勝、
이 삭 전 률 불 승

曰、
왈

爾未至、
이 미 지

誰進嘉肴於我、
수 진 가 효 어 아

我已食之、
아 이 식 지

爲彼祝嘏、
위 피 축 하

彼必承之、
피 필 승 지

창 27:34

以掃聞言、
이 소 문 언

大聲痛哭、
대 성 통 곡

曰、
왈

請父亦爲我祝嘏、
청 부 역 위 아 축 하

창 27:35

曰、
왈

爾弟來、
이 제 래

施其詭譎、
시 기 궤 휼

奪爾福祉、
탈 이 복 지

창 27:36

以掃曰、
이 소 왈

宜其名雅各、
의 기 명 아 각

彼欺我者再、
피 기 아 자 재

昔奪我長子之業、
석 탈 아 장 자 지 업

今又奪我之嘏耶、
금 우 탈 아 지 하 야

又曰、
우 왈

豈更無嘏、
기 경 무 하

可爲我祝乎、
가 위 아 축 호

창 27:37

以撒曰、
이 살 왈

我已立雅各爲主、
아 이 립 아 각 위 주

兄弟皆爲其役、
형 제 개 위 기 역

以穀與酒供之、
이 곡 여 주 공 지

吾子、
오 자

今將爲爾何爲乎、
금 장 위 이 하 위 호

창 27:38

以掃曰、
이 소 왈

父之祝嘏、
부 지 축 하

豈惟一而已乎、
기 유 일 이 이 호

父歟、
부 여

請亦祝我、
청 역 축 아

遂大聲號哭、
수 대 성 호 곡

창 27:39

以撒曰、
이 살 왈

爾所居之地、
이 소 거 지 지

遠乎沃壤、
원 호 옥 양

天露不及、
천 로 불 급

창 27:40

爾必恃刃以圖生、
이 필 시 인 이 도 생

服役於爾弟、
복 역 어 이 제

爾得釋時、
이 득 석 시

則脫其軛於爾項、○
즉 탈 기 액 어 이 항

창 27:41

以掃因父爲
이 소 인 부 위

雅各祝嘏、
아 각 축 하

懷恨雅各、
회 한 아 각

竊言父喪伊邇、
절 언 부 상 이 이

我必殺弟、
아 필 살 제

창 27:42

或以長子言
혹 이 장 자 언

告利百加、
고 리 백 가

遂召季子曰、
수 소 계 자 왈

兄將殺爾、
형 장 살 이

以雪其恨、
이 설 기 한

창 27:43

吾子宜從我言、
오 자 의 종 아 언

奔哈蘭、
분 합 란

投我兄拉班、
투 아 형 랍 반

창 27:44

偕居數日、
해 거 수 일

待爾兄怒息、
대 이 형 노 식

창 27:45

其氣已平、
기 기 이 평

忘爾所爲、
망 이 소 위

我則遣人召爾、
아 칙 견 인 소 이

奚爲一日
해 위 일 일

喪二子乎、
상 이 자 호

창 27:46

利百加謂以撒曰、
리 백 가 위 이 살 왈

緣赫人女、
연 혁 인 녀

我厭厥生、
아 염 궐 생

倘雅各亦娶赫
당 아 각 역 취 혁

族如此之女、
족 여 차 지 녀

我生何益之有、
아 생 하 익 지 유

創世記第二十八章
창 세 기 제 이 십 팔 장

창 28:1

以撒召雅各、
이 살 소 아 각

爲之祝嘏、
위 지 축 하

囑曰、
촉 왈

毋娶迦南女爲室、
무 취 가 남 녀 위 실

창 28:2

起往巴旦亞蘭、
기 왕 파 단 아 란

詣爾母父
예 이 모 부

彼土利家、
피 토 리 가

娶爾母兄拉
취 이 모 형 랍

班之女爲室、
반 지 녀 위 실

창 28:3

願全能之祅上帝、
원 전 능 지 천 상 제

錫嘏於爾、
석 하 어 이

使爾生育繁衍、
사 이 생 육 번 연

爲衆族祖、
위 중 족 조

창 28:4

以亞伯拉罕
이 아 백 랍 한

之嘏錫爾、
지 하 석 이

及爾苗裔、
급 이 묘 예

俾承所旅之地、
비 승 소 려 지 지

卽昔祆上帝所
즉 석 천 상 제 소

賜亞伯拉罕者、
사 아 백 랍 한 자

창 28:5

以撒遣雅各、
이 살 견 아 각

遂往巴旦亞蘭、
수 왕 파 단 아 란

投亞蘭人彼
두 아 란 인 피

土利子拉班、
토 리 자 랍 반

卽以掃雅各
즉 이 소 아 각

母利百加之兄、○
모 리 백 가 지 형

창 28:6

以掃見以撒爲
이 소 견 이 삭 위

雅各祝嘏、
아 각 축 하

遣至巴旦亞蘭、
견 지 파 단 아 란

在彼娶妻、
재 피 취 처

祝時、
축 시

囑其毋娶迦南
촉 기 무 취 가 남

女爲室、
녀 위 실

창 28:7

又見雅各循
우 견 아 각 순

父母命、
부 모 명

往巴旦亞蘭、
왕 파 단 아 란

창 28:8

知迦南女不
지 가 남 녀 불

悅於父、
열 어 부

창 28:9

乃適以實瑪利家、
내 적 이 실 마 리 가

於其二妻外、
어 기 이 처 외

更娶亞伯拉罕孫、
경 취 아 백 랍 한 손

以實瑪利女、
이 실 마 리 녀

尼拜約妹瑪哈
니 배 약 매 마 합

拉爲室、○
랍 위 실

창 28:10

雅各離別是巴、
아 각 리 별 시 파

向哈蘭而行、
향 합 란 이 행

창 28:11

日旣沒、
일 기 몰

至一方宿焉、
지 일 방 숙 언

取石爲枕而臥、
취 석 위 침 이 와

창 28:12

夢有梯立於地、
몽 유 제 립 어 지

頂及於天、
정 급 어 천

祆上帝之使、
천 상 제 지 사

陟降其上、
척 강 기 상

창 28:13

耶和華立其巓曰、
야 화 화 립 기 전 왈

我乃耶和華、
아 내 야 화 화

爾 祖 亞 伯 拉 罕、
이 조 아 백 랍 한

與 以 撒 之 祆 上 帝、
여 이 살 지 천 상 제

爾 所 寢 之 地、
이 소 침 지 지

悉 以 畀 爾、
실 이 비 이

爰 及 苗 裔、
원 급 묘 예

창 28:14

爾 裔 必 繁
이 예 필 번

衍 如 土 塵、
연 여 토 진

蔓 延 四 方、
만 연 사 방

天 下 萬 民、
천 하 만 민

將 緣 爾 與 裔
장 연 이 여 예

而 獲 福、
이 획 복

창 28:15

我必偕爾、
아 필 해 이

無論何往、
무 론 하 왕

我必護爾、
아 필 호 이

使歸斯土、
사 귀 사 토

不汝遐棄、
불 여 하 기

吾所許者、
오 소 허 자

必踐其言、
필 천 기 언

창 28:16

雅各醒曰、
아 각 성 왈

耶和華果在此、
야 화 화 과 재 자

而我不知、
이 아 불 지

창 28:17

乃懼、
내 구

曰、
왈

此地何其可畏、
자 지 하 기 가 외

非他、
비 타

乃祆上帝之室、
내 천 상 제 지 실

天之門也、○
천 지 문 야

창 28:18

雅各夙興、
아 각 숙 흥

以所枕之
이 소 침 지

石立爲柱、
석 립 위 주

傾膏其上、
경 고 기 상

창 28:19

其邑原名路斯、
기 읍 원 명 로 사

易之曰伯特利、
역 지 왈 백 특 리

창 28:20

雅各許願曰、
아 각 허 원 왈

如祆上帝偕我、
여 천 상 제 해 아

佑我於所行之路、
우 아 어 소 행 지 로

賜我以衣食、
사 아 이 의 식

창 28:21

使安然而返父家、
사 안 연 이 반 부 가

則耶和華必爲
칙 야 화 화 필 위

我之祆上帝、
아 지 천 상 제

창 28:22

所立柱石、
소 립 주 석

將爲祆上帝室、
장 위 천 상 제 실

凡祆上帝
범 천 상 제

所錫我者、
소 석 아 자

十輸其一以獻之、
십 수 기 일 이 헌 지

創世記 第二十九章
창 세 기 제 이 십 구 장

창 29:1

雅各啟行、
아 각 계 행

至東人處、
지 동 인 처

창 29:2

見有井於野、
견 유 정 어 야

羊羣三、
양 군 삼

附井而臥、
부 정 이 와

蓋人素由此飮之、
개 인 소 유 차 음 지

井口覆以大石、
정 구 복 이 대 석

창 29:3

羣羊咸集、
군 양 함 집

則移石啟井、
칙 이 석 계 정

汲以飲之、
금 이 음 지

飲竟、
음 경

仍覆以石、
잉 복 이 석

창 29:4

雅各曰、
아 각 왈

兄弟奚自、
형 제 해 자

曰、
왈

自哈蘭、
자 합 란

창 29:5

曰、
왈

拿鶴之孫拉班、
나 학 지 손 랍 반

爾識之否、
이 식 지 부

曰、
왈

識之、
식 지

창 29:6

曰、
왈

安乎、
안 호

曰、
왈

安、
안

今其女拉結
금 기 녀 랍 결

偕羊以至、
해 양 이 지

창 29:7

曰、
왈

日尚高懸、
일 상 고 현

聚羣之時、
취 군 지 시

猶未至也、
유 미 지 야

莫若飮羊、
막 약 음 양

而往牧之、
이 왕 목 지

창 29:8

曰、
왈

不可、
불 가

必待羣畜咸集、
필 대 군 축 함 집

移石啟井、
이 석 계 정

方可飮羊、
방 가 음 양

창 29:9

言際、
언 제

拉結偕父羊至、
랍 결 해 부 양 지

蓋牧之也、
개 목 지 야

창 29:10

雅各見母兄
아 각 견 모 형

拉班之女
랍반지녀

拉結與羊、
랍결여양

則前移石啟井、
칙전이석계정

以飮其羊、
이음기양

창 29:11

與拉結接吻、
여랍결접문

大聲而哭、
대성이곡

창 29:12

告拉結曰、
고랍결왈

我乃爾父之甥、
아내이부지생

利百加子、
리백가자

拉結遂趨
랍결수추

告其父、○
고기부

창 29:13

拉班聞妹子
랍 반 문 매 자

雅各至、
아 각 지

卽趨迎之、
즉 추 영 지

抱而接吻、
포 이 접 문

引之入室、
인 지 입 실

雅各告以所遇、
아 각 고 이 소 우

창 29:14

拉班曰、
랍 반 왈

爾誠骨肉之親、
이 성 골 육 지 친

雅各偕居一月、
아 각 해 거 일 월

창 29:15

拉班謂之曰、
랍 반 위 지 왈

爾雖我甥、
이 수 아 생

豈可徒役於我、
기 가 도 역 어 아

告我欲得何値、
고 아 욕 득 하 치

창 29:16

拉班有二女、
랍 반 유 이 녀

長名利亞、
장 명 리 아

季名拉結、
계 명 랍 결

창 29:17

利亞目眊、
리 아 목 모

而拉結美丰姿、
이 랍 결 미 봉 자

有殊色、
유 수 색

창 29:18

雅各愛拉結、
아 각 애 랍 결

曰、
왈

我願爲季女拉結、
아 원 위 계 녀 랍 결

服役七年、
복 역 칠 년

창 29:19

拉班曰、
랍 반 왈

妻爾愈於妻人、
처 이 유 어 처 인

可偕我居、
가 해 아 거

창 29:20

雅各爲拉結服
아 각 위 랍 결 복

役七年、
역 칠 년

因愛之甚、
인 애 지 심

視七年如數日、○
시 칠 년 여 수 일

창 29:21

雅各謂拉班曰、
아 각 위 랍 반 왈

期已屆、
기 이 계

請以妻我、
청 이 처 아

使我成禮、
사 아 성 예

창 29:22

拉班設筵招鄰里、
랍 반 설 연 초 린 리

창 29:23

旣昏、
기 혼

以長女利亞
이 장 녀 리 아

與雅各、
여 아 각

遂與同室、
수 여 동 실

창 29:24

又以其婢悉帕、
우 이 기 비 실 파

予女利亞爲婢、
여 녀 리 아 위 비

창 29:25

及旦、
급 단

乃知爲利亞、
내 지 위 리 아

謂拉班曰、
위 랍 반 왈

曷待我若是、
갈 대 아 약 시

我非爲拉結
아 비 위 랍 결

服役乎、
복 역 호

何欺我爲、
하 기 아 위

창 29:26

拉班曰、
랍 반 왈

未嫁長而先嫁季、
미 가 장 이 선 가 계

斯土不爲此也、
사 토 불 위 차 야

창 29:27

爾與長盈
이 여 장 영

七日之期、
칠 일 지 기

則以季予爾、
칙 이 계 여 이

爾復服役七年、
이 복 복 역 칠 년

창 29:28

雅各從之、
아 각 종 지

與利亞盈
여 리 아 영

七日之期、
칠 일 지 기

拉班以女拉結
랍 반 이 녀 랍 결

妻之、
처 지

창 29:29

以其婢辟拉、
이 기 비 벽 랍

予女拉結爲婢、
여 녀 랍 결 위 비

창 29:30

雅各亦與
아 각 역 여

拉結同室、
랍 결 동 실

愛之逾於利亞、
애 지 유 어 리 아

又服役拉班七年、○
우 복 역 랍 반 칠 년

창 29:31

耶和華視利亞
야 화 화 시 리 아

不見寵、
불 견 총

賜之生育、
사 지 생 육

惟拉結不姙、
유 랍 결 불 임

창 29:32

利亞懷姙生子、
리 아 회 임 생 자

命名流便、
명 명 류 편

曰、
왈

耶和華俯念我苦、
야 화 화 부 념 아 고

今而後、
금 이 후

夫必愛我、
부 필 애 아

창 29:33

再妊生子、
재 임 생 자

命名西緬、
명 명 서 면

曰、
왈

耶和華聞
야 화 화 문

我不見寵、
아 불 견 총

復錫我此子、
복 석 아 차 자

창 29:34

又妊生子、
우 임 생 자

命名利未、
명 명 리 미

曰、
왈

今生三子、
금 생 삼 자

夫必膠漆於我、
부 필 교 칠 어 아

창 29:35

又 姙 生 子、
우 임 생 자

曰、
왈

我 今 頌 美 耶 和 華、
아 금 송 미 야 화 화

故 名 子 曰 猶 大、
고 명 자 왈 유 대

嗣 後 利 亞 不 姙、
사 후 리 아 불 임

創世記 第三十章
창 세 기 제 삼 십 장

창 30:1

拉 結 見 己 不 爲
랍 결 견 기 불 위

雅 各 生 子、
아 각 생 자

則 妒 厥 姊、
칙 투 궐 자

謂 雅 各 曰、
위 아 각 왈

賜 我 生 子、
사 아 생 자

不 然、
불 연

我死矣、
아 사 의

창 30:2

雅各怒曰、
아 각 노 왈

使爾不育者、
사 이 불 육 자

祆上帝也、
천 상 제 야

我豈代爲
아 기 대 위

祆上帝乎、
천 상 제 호

창 30:3

曰、
왈

我婢辟拉、
아 비 벽 랍

爾與同室、
이 여 동 실

俾其生子、
비 기 생 자

撫於我膝、
무 어 아 슬

我則因而得子、
아 칙 인 이 득 자

창 30:4

遂以婢辟拉予之、
수 이 비 벽 랍 여 지

雅各與之同室、
아 각 여 지 동 실

창 30:5

辟拉懷姙生子、
벽 랍 회 임 생 자

창 30:6

拉結名之曰、
랍 결 명 지 왈

但、
단

曰、
왈

祆上帝伸我寃、
천 상 제 신 아 원

聽我祈、
청 아 기

賜我一子、
사 아 일 자

창 30:7

辟拉再姙、
벽 랍 재 임

爲雅各生子、
위 아 각 생 자

창 30:8

拉結命名
랍 결 명 명

拿弗他利、
나 불 타 리

曰、
왈

我與姊力爭獲勝、○
아 여 자 력 쟁 획 승

창 30:9

利亞因不姙、
리 아 인 불 임

以婢悉帕與
이 비 실 파 여

雅各同室、
아 각 동 실

창 30:10

悉帕生子、
실 파 생 자

창 30:11

利亞謂爲吉慶、
리 아 위 위 길 경

故名之曰迦得、
고 명 지 왈 가 득

창 30:12

悉帕再爲
실 파 재 위

雅各生子、
아 각 생 자

창 30:13

利亞曰、
리 아 왈

我福矣、
아 복 의

羣女將謂我有福、
군 녀 장 위 아 유 복

故名之曰亞設、○
고 명 지 왈 아 설

창 30:14

麥秋時、
맥 추 시

流便往於田、
유 편 왕 어 전

獲風茄、
획 풍 가

奉母利亞、
봉 모 리 아

拉結謂利亞曰、
랍 결 위 리 아 왈

請以爾子之
청 이 이 자 지

風茄與我、
풍 가 여 아

창 30:15

曰、
왈

爾奪我夫、
이 탈 아 부

豈細故耶、
기 세 고 야

今欲奪我子
금 욕 탈 아 자

之風茄乎、
지 풍 가 호

拉結曰、
랍 결 왈

爲汝子之風茄、
위 여 자 지 풍 가

是夜夫可
시 야 부 가

與爾同寢、
여 이 동 침

창 30:16

及暮、
급 모

雅各自田歸、
아 각 자 전 귀

利亞出而迓之、
리 아 출 이 아 지

曰、
왈

爾必與我偕入、
이 필 여 아 해 입

我以吾子之
아 이 오 자 지

風茄得爾、
풍 가 득 이

故是夜與之同室、
고 시 야 여 지 동 실

창 30:17

祆上帝俞允
천 상 제 유 윤

利亞之祈、
리 아 지 기

遂懷姙、
수 회 임

爲雅各生第五子、
위 아 각 생 제 오 자

창 30:18

利亞曰、
리 아 왈

昔我以婢與夫、
석 아 이 비 여 부

今蒙祆上帝
금 몽 천 상 제

予我値、
여 아 치

故名之曰以薩迦、
고 명 지 왈 이 살 가

창 30:19

利亞復姙、
리 아 복 임

生第六子、
생 제 육 자

창 30:20

命名西布倫、
명 명 서 포 륜

曰、
왈

祆上帝賜我嘉賚、
천 상 제 사 아 가 뢰

夫必偕我、
부 필 해 아

因我爲之生六子、
인 아 위 지 생 육 자

창 30:21

後生一女、
후 생 일 녀

命名底拿、
명 명 저 나

창 30:22

祆上帝眷念拉結、
천 상 제 권 념 랍 결

俯聽其祈、
부 청 기 기

使之誕育、
사 지 탄 육

창 30:23

懷姙生子、
회 임 생 자

曰、
왈

祆上帝已洒我恥、
천 상 제 이 쇄 아 치

창 30:24

乃 命 名 約 瑟 、
내 명 명 약 슬

曰 、
왈

願 耶 和 華
원 야 화 화

復 增 我 子 、○
복 증 아 자

창 30:25

拉 結 生 約 瑟 後 、
랍 결 생 약 슬 후

雅 各 謂 拉 班 曰 、
아 각 위 랍 반 왈

請 遣 我 歸 、
청 견 아 귀

返 於 故 土 、
반 어 고 토

창 30:26

我 事 爾 所
아 사 이 소

得 之 妻 子 、
득 지 처 자

請 以 予 我 、
청 이 여 아

而遣我歸、
이 견 아 귀

我如何事爾、
아 여 하 사 이

汝所知也、
여 소 지 야

창 30:27

拉班曰、
랍 반 왈

深知耶和華
심 지 야 화 화

緣爾錫嘏於我、
연 이 석 하 어 아

若蒙爾恩、
약 몽 이 은

仍偕我居、
잉 해 아 거

창 30:28

請言其值、
청 언 기 치

我必給之、
아 필 급 지

창 30:29

曰、
왈

我於爾服役若何、
아 어 이 복 역 약 하

羣畜若何、
군 축 약 하

爾悉知之、
이 실 지 지

창 30:30

當我未至、
당 아 미 지

所有鮮少、
소 유 선 소

今則滋育繁多、
금 칙 자 육 번 다

耶和華緣我足跡所至、
야 화 화 연 아 족 적 소 지

錫爾以嘏、
석 이 이 하

然我何時成立己家乎、
연 아 하 시 성 립 기 가 호

창 30:31

拉班曰、
랍 반 왈

我何以予爾、
아 하 이 여 이

曰、
왈

無須、
무 수

惟有一事、
유 유 일 사

爾若行之、
이 약 행 지

則仍牧守爾羣、
칙 잉 목 수 이 군

창 30:32

今我遍閱爾羣、
금 아 편 열 이 군

凡有斑點與
범 유 반 점 여

椶色之綿羊、
종 색 지 면 양

及有斑點之山羊、
급 유 반 점 지 산 양

悉驅出之、
실 구 출 지

有若此者、
유 약 차 자

歸我爲値、
귀 아 위 치

창 30:33

異日爾來察之、
이 일 이 래 찰 지

凡山羊非有斑點、
범 산 양 비 유 반 점

綿羊非椶色者、
면 양 비 종 색 자

卽擬我盜可也、
즉 의 아 도 가 야

以此爲我
이 차 위 아

公義之徵、
공 의 지 징

창 30:34

拉班曰、
랍 반 왈

可如爾言、
가 여 이 언

창 30:35

當日將牡山羊之
당 일 장 모 산 양 지

有文有點者、
유 문 유 점 자

牝山羊之斑
빈 산 양 지 반

駁成點、
박 성 점

兼雜白文者、
겸 잡 백 문 자

曁綿羊之椶色者、
기 면 양 지 종 색 자

悉驅出之、
실 구 출 지

付與其子、
부 여 기 자

창 30:36

俾距雅各
비 거 아 각

三日之程、
삼 일 지 정

雅各牧拉
아 각 목 랍

班之餘羊、○
반 지 여 양

창 30:37

雅各將楊杏楓
아 각 장 양 행 풍

之柔條、
지 유 조

剝皮成文、
박 피 성 문

使條之白間露、
사 조 지 백 간 로

창 30:38

置於溝壑水槽、
치 어 구 학 수 조

羣羊來飮之處、
군 양 래 음 지 처

與羣相對、
여 군 상 대

俾其飮時、
비 기 음 시

牝牡相誘、
빈 모 상 유

창 30:39

羣羊附條相誘、
군 양 부 조 상 유

遂產有文有
수 산 유 문 유

點有斑之羔、
점 유 반 지 고

창 30:40

雅各將羔羊
아 각 장 고 양

區別之、
구 별 지

使此有文
사 차 유 문

及椶色者、
급 종 색 자

與拉班之羊相對、
여 랍 반 지 양 상 대

以己之羊
이 기 지 양

驅於一方、
구 어 일 방

不與拉班
불 여 랍 반

之羊相雜、
지 양 상 잡

창 30:41

遇羊之健者相誘、
우 양 지 건 자 상 유

雅各置條水溝、
아 각 치 조 수 구

而當其前、
이 당 기 전

使附條相誘、
사 부 조 상 유

창 30:42

其弱者不置條、
기 약 자 불 치 조

於是弱者歸拉班、
어 시 약 자 귀 랍 반

健者歸雅各、
건 자 귀 아 각

창 30:43

雅各遂大興盛、
아 각 수 대 흥 성

多有羊羣、
다 유 양 군

僕婢駝驢、
복 비 타 려

創世記 第三十一章
창 세 기 제 삼 십 일 장

창 31:1

雅各聞拉班
아 각 문 랍 반

衆子言曰、
중 자 언 왈

我父所有者、
아 부 소 유 자

雅各盡奪之、
아 각 진 탈 지

因父之資、
인 부 지 자

獲此榮盛、
획 차 영 성

창 31:2

又見拉班容貌、
우 견 랍 반 용 모

不如疇昔、
불 여 주 석

창 31:3

耶和華謂雅各曰、
야 화 화 위 아 각 왈

爾其歸祖地、
이 기 귀 조 지

返故鄉、
반 고 향

我必偕爾、
아 필 해 이

창 31:4

雅各遣人召拉結、
아 각 견 인 소 랍 결

利亞、
리 아

至田間羣畜所、
지 전 간 군 축 소

창 31:5

語之曰、
어 지 왈

我見汝父容貌、
아 견 여 부 용 모

不如疇昔、
불 여 주 석

然吾父之祆上帝
연 오 부 지 천 상 제

偕我、
해 아

창 31:6

我竭力事汝父、
아 갈 력 사 여 부

汝所知也、
여 소 지 야

창 31:7

爾父乃欺我、
이 부 내 기 아

十易我值、
십 역 아 치

惟祆上帝不容
유 천 상 제 불 용

其加害、
기 가 해

창 31:8

若云有點者
약 운 유 점 자

爲我值、
위 아 치

而羣畜咸有點、
이 군 축 함 유 점

若云有文者
약 운 유 문 자

爲我值、
위 아 치

而羣畜俱有文、
이 군 축 구 유 문

창 31:9

是祆上帝取
시 천 상 제 취

爾父羣畜、
이 부 군 축

賜於我矣、
사 어 아 의

창 31:10

遇牝牡相誘之際、
우 빈 모 상 유 지 제

我於夢中、
아 어 몽 중

見牡羊乘其牝者、
견 모 양 승 기 빈 자

皆有文、
개 유 문

有點、
유 점

有斑、
유 반

창 31:11

我夢祆上帝
아 몽 천 상 제

之使呼曰、
지 사 호 왈

雅各、
아 각

我曰、
아 왈

在此、
재 차

창 31:12

曰、
왈

試觀牡羊
시 관 모 양

乘其牝者、
승 기 빈 자

皆有文、
개 유 문

有點、
유 점

有斑、
유 반

蓋拉班之待爾、
개 랍 반 지 대 이

我已監之、
아 이 감 지

창 31:13

我乃伯特利
아 내 백 특 리

之祆上帝、
지 천 상 제

昔 爾 在 彼、
석 이 재 피

以 膏 沃 柱、
이 고 옥 주

許 願 於 我、
허 원 어 아

今 起 離 此、
금 기 리 차

返 於 故 土、
반 어 고 토

창 31:14

拉 結 利 亞 曰、
랍 결 리 아 왈

我 於 父 家、
아 어 부 가

豈 尙 有 分 有 業 乎、
기 상 유 분 유 업 호

창 31:15

父 旣 鬻 我、
부 기 죽 아

又 侵 食 我 値、
우 침 식 아 치

非 以 我 爲 外 人 乎、
비 이 아 위 외 인 호

창 31:16

祆上帝所奪
전 상 제 소 탈

於我父者、
어 아 부 자

皆屬於我及我子、
개 속 어 아 급 아 자

祆上帝所諭爾者、
천 상 제 소 유 이 자

爾悉行之、○
이 실 행 지

창 31:17

雅各遂起、
아 각 수 기

使妻子乘駝、
사 처 자 승 타

창 31:18

攜其牲畜、
휴 기 생 축

及凡所有、
급 범 소 유

卽在巴旦亞蘭
즉 재 파 단 아 란

所獲之物、
소 획 지 물

往迦南地、
왕 가 남 지

見父以撒、
견 부 이 살

창 31:19

時、
시

拉班往剪羊毛、
랍 반 왕 전 양 모

拉結竊其
랍 결 절 기

父之家神、
부 지 가 신

창 31:20

雅各背亞蘭
아 각 배 아 란

人拉班而去、
인 랍 반 이 거

不以其奔告之、
불 이 기 분 고 지

창 31:21

挈凡所有、
설 범 소 유

渡河、
도 하

往基列山而遁、○
왕 기 열 산 이 둔

창 31:22

越至三日、
월 지 삼 일

或以雅各之
혹 이 아 각 지

遁告拉班、
둔 고 랍 반

창 31:23

乃率戚族、
내 솔 척 족

追之七日、
추 지 칠 일

至基列山及焉、
지 기 열 산 급 언

창 31:24

夜間、
야 간

祆上帝見夢、
천 상 제 견 몽

諭亞蘭人拉班曰、
유 아 란 인 랍 반 왈

愼之哉、
신 지 재

爾於雅各、
이 어 아 각

或善或惡、
혹 선 혹 악

均勿與言、
균 물 여 언

창 31:25

雅各張幕於山、
아 각 장 막 어 산

拉班追及之、
랍 반 추 급 지

與其戚族、
여 기 척 족

亦張幕焉、
역 장 막 언

창 31:26

拉班謂雅各曰、
랍 반 위 아 각 왈

爾何背我、
이 하 배 아

攜我二女、
휴 아 이 녀

如俘虜然、
여 부 로 연

창 31:27

曷爲竊遁、
갈 위 절 둔

而不告我、
이 불 고 아

俾我鼓琴、
비 아 고 금

播鞀謳歌、
파 도 구 가

忻然以送、
흔 연 이 송

창 31:28

不容我與
불 용 아 여

子女接吻、
자 녀 접 문

爾之所爲、
이 지 소 위

是不智也、
시 불 지 야

창 31:29

我本有力、
아 본 유 력

能以害爾、
능 이 해 이

惟前夕爾父之
유 전 석 이 부 지

祆上帝諭我曰、
천 상 제 유 아 왈

愼之哉、
신 지 재

爾於雅各、
이 어 아 각

或善或惡、
혹 선 혹 악

均勿與言、
균 물 여 언

창 31:30

今爾雖思父家、
금 이 수 사 부 가

不得不歸、
부 득 불 귀

奚竊我之神像乎、
해 절 아 지 신 상 호

창 31:31

雅各曰、
아 각 왈

我懼、
아 구

意謂爾必
의 위 이 필

強奪爾女、
강 탈 이 녀

창 31:32

至爾之神像、
지 이 지 신 상

爾獲之於誰所、
이 획 지 어 수 소

不容其生、
불 용 기 생

物有屬爾者、
물 유 속 이 자

於爾我戚族前、
어 이 아 척 족 전

可自辨而取之、
가 자 변 이 취 지

蓋雅各不知拉結
개 아 각 불 지 랍 결

竊其神像也、○
절 기 신 상 야

창 31:33

拉班遂進雅各幕、
랍 반 수 진 아 각 막

及利亞幕、
급리아막

二女婢之幕、
이녀비지막

皆無獲、
개무획

後出利亞幕、
후출리아막

入拉結幕、
입랍결막

창 31:34

拉結置神像
랍결치신상

於駝鞍下、
어타안하

而坐其上、
이좌기상

拉班遍索不得、
랍반편색부득

창 31:35

拉結謂父曰、
랍결위부왈

天癸適至、
천계적지

不得起迎、
불득기영

吾主勿怒、
오주물노

拉班遍索神像、
랍반편색신상

終不獲、
종불획

창 31:36

雅各怒、
아각노

斥之曰、
척지왈

我何罪愆、
아하죄건

使爾迫追我、
사이박추아

창 31:37

今旣徧索吾物、
금기편색오물

有屬於爾者乎、
유속어이자호

果有之、
과유지

則置之爾
칙 치 지 이

我戚族前、
아 척 족 전

俾主裁於爾我間、
비 주 재 어 이 아 간

창 31:38

此二十年、
차 이 십 년

我偕爾處、
아 해 이 처

爾綿羊山羊之牝、
이 면 양 산 양 지 빈

無殰胎者、
무 독 태 자

爾羊之牡、
이 양 지 모

我不食之、
아 불 식 지

창 31:39

死於野獸者、
사 어 야 수 자

我不歸爾、
아 불 귀 이

悉以補之、
실 이 보 지

晝夜所盜、
주 야 소 도

惟我是問、
유 아 시 문

창 31:40

我晝則冒暑、
아 주 칙 모 서

夜則受寒、
야 칙 수 한

二目不寐、
이 목 불 매

창 31:41

我居爾家、
아 거 이 가

歷二十年、
력 이 십 년

爲爾二女、
위 이 이 녀

服役十四年、
복 역 십 사 년

爲爾羣羊六年、
위 이 군 양 육 년

而爾十易我値、
이 이 십 역 아 치

창 31:42

使吾祖亞伯拉罕
사 오 조 아 백 랍 한

之祆上帝、
지 천 상 제

吾父以撒所畏者、
오 부 이 살 소 외 자

不與我偕、
불 여 아 해

爾必使我徒返、
이 필 사 아 도 반

惟祆上帝監
유 천 상 제 감

我操作辛勤、
아 조 작 신 근

故前夕譴爾、○
고 전 석 견 이

창 31:43

拉班曰、
랍 반 왈

斯女卽我女、
사 녀 즉 아 녀

斯子卽我子、
사 자 즉 아 자

斯畜卽我畜、
사 축 즉 아 축

凡爾所見者、
범 이 소 견 자

咸屬於我、
함 속 어 아

玆於我女、
자 어 아 녀

及其所生之子、
급 기 소 생 지 자

吾何能爲、
오 하 능 위

창 31:44

今來結盟、
금 래 결 맹

於爾我間爲證、
어 이 아 간 위 증

창 31:45

雅各遂取石立柱、
아 각 수 취 석 립 주

창 31:46

亦命戚族積石、
역 명 척 족 적 석

衆乃取石、
중 내 취 석

積累爲堆、
적 루 위 퇴

共食其側、
공 식 기 측

창 31:47

拉班名之曰伊迦
랍 반 명 지 왈 이 가

爾撒哈杜他、
이 살 합 두 타

雅各名之曰
아 각 명 지 왈

迦累得、
가 루 득

창 31:48

拉班曰、
랍 반 왈

此堆今日爲證
자 퇴 금 일 위 증

於爾我間、
어 이 아 간

故名曰迦累得、
고 명 왈 가 루 득

창 31:49

又名米斯巴、
우 명 미 사 파

蓋曰、
개 왈

爾我相睽隔時、
이 아 상 규 격 시

願耶和華
원 야 화 화

鑒察其間、
감 찰 기 간

창 31:50

爾若負吾女、
이 약 부 오 녀

別有所娶、
별 유 소 취

雖無人同在、
수 무 인 동 재

而祆上帝證之、
이 천 상 제 증 지

창 31:51

拉班又謂雅各曰、
랍 반 우 위 아 각 왈

可觀此堆、
가 관 차 퇴

爾我間所立之柱、
이 아 간 소 립 지 주

창 31:52

此堆此柱
자 퇴 자 주

乃爲其證、
내 위 기 증

我不越此堆害爾、
아 불 월 자 퇴 해 이

爾亦不越此堆
이 역 불 월 자 퇴

與柱害我、
여 주 해 아

창 31:53

願亞伯拉罕之
원 아 백 랍 한 지

祆上帝、
천 상 제

拿鶴之祆上帝、
나 학 지 천 상 제

及其祖之祆上帝、
급 기 조 지 천 상 제

主裁於爾我間、
주 재 어 이 아 간

雅各乃指其父
아 각 내 지 기 부

以撒所畏者而誓、
이 살 소 외 자 이 서

창 31:54

又在山獻祭、
우 재 산 헌 제

招其戚族共食、
초 기 척 족 공 식

後宿於山、
후 숙 어 산

창 31:55

拉班夙興、
랍 반 숙 흥

接吻子女、
접 문 자 녀

爲之祝嘏、
위 지 축 하

而歸故土、
이 귀 고 토

創世記 第三十二章
창 세 기 제 삼 십 이 장

창 32:1

雅各復行、
아 각 복 행

祅上帝之使遇焉、
천 상 제 지 사 우 언

창 32:2

雅各見之曰、
아 각 견 지 왈

此乃祅上帝之軍、
차 내 천 상 제 지 군

故名其地
고 명 기 지

曰瑪哈念、○
왈 마 합 념

창 32:3

雅各遣人、
아 각 견 인

先往西珥地
선 왕 서 이 지

以東田、
이 동 전

見兄以掃、
견 형 이 소

창 32:4

囑曰、
촉 왈

告我主以掃云、
고 아 주 이 소 운

爾僕雅各曰、
이 복 아 각 왈

我旅於拉班家、
아 려 어 랍 반 가

越至今日、
월 지 금 일

창 32:5

有牛羊驢僕婢、
유 우 양 려 복 비

特遣人告我主、
특 견 인 고 아 주

望沾主恩、
망 점 주 은

창 32:6

使者反告雅各曰、
사 자 반 고 아 각 왈

吾儕詣爾兄以掃、
오 제 예 이 형 이 소

彼率四百人
피 솔 사 백 인

來迎爾、
래 영 이

창 32:7

雅各大懼、
아 각 대 구

且憂、
차 우

以從者及牛羊駝、
이 종 자 급 우 양 타

分爲二隊、
분 위 이 대

창 32:8

曰、
왈

若以掃來擊此隊、
약 이 소 래 격 차 대

則彼隊可逃、
칙 피 대 가 도

창 32:9

遂禱曰、
수 도 왈

吾祖亞伯拉罕之
오 조 아 백 랍 한 지

祆上帝、
천 상 제

吾父以撒之祆上帝
오 부 이 살 지 천 상 제

耶和華歟、
야 화 화 여

昔爾命我回故土、
석 이 명 아 회 고 토

返戚屬、
반 척 속

許待以善、
허 대 이 선

창 32:10

爾所施於僕
이 소 시 어 복

之恩寵誠實、
지 은 총 성 실

卽至微者、
즉 지 미 자

亦不堪受、
역 불 감 수

昔我惟執一杖、
석 아 유 집 일 장

濟此約但、
제 차 약 단

今我已成二隊、
금 아 이 성 이 대

창 32:11

求爾拯我、
구 이 증 아

脫於吾兄
탈어오형

以掃之手、
이소지수

蓋我懼之、
개아구지

恐其來擊我、
공기래격아

爰及母子、
원급모자

창 32:12

爾曾許待以善、
이증허대이선

使我苗裔、
사아묘예

如海之沙、
여해지사

不可勝數、○
불가승수

창 32:13

是夜雅各宿於彼、
시야아각숙어피

簡其所有、
간기소유

饋兄以掃、
궤 형 이 소

창 32:14

卽山羊牝二百、
즉 산 양 빈 이 백

牡二十、
모 이 십

綿羊牝二百、
면 양 빈 이 백

牡二十、
모 이 십

창 32:15

牝駝與子三十、
빈 타 여 자 삼 십

牝牛四十、
빈 우 사 십

牡牛十、
모 우 십

牝驢二十、
빈 려 이 십

小驢十、
소 려 십

창 32:16

各爲其羣、
각 위 기 군

付於僕手、
부 어 복 수

曰、
왈

爾先我往、
이 선 아 왕

使各羣相距、
사 각 군 상 거

창 32:17

囑其前者曰、
촉 기 전 자 왈

我兄以掃遇爾、
아 형 이 소 우 이

問爾屬誰、
문 이 속 수

將何往、
장 하 왕

爾前之畜屬誰、
이 전 지 축 속 수

창 32:18

則曰、
칙 왈

屬我主之僕雅各、
속 아 주 지 복 아 각

以饋我主以掃、
이 궤 아 주 이 소

雅各亦在後、
아 각 역 재 후

창 32:19

又囑其二其三、
우 촉 기 이 기 삼

曁一切驅畜者曰、
기 일 절 구 축 자 왈

爾遇以掃、
이 우 이 소

亦宜如是告之、
역 의 여 시 고 지

창 32:20

且曰、
차 왈

爾僕雅各在後、
이 복 아 각 재 후

蓋雅各自謂、
개 아 각 자 위

必以前行之禮物、
필 이 전 행 지 예 물

釋兄之憾、
석 형 지 감

然後覿面、
연 후 적 면

庶幾接我、
서 기 접 아

창 32:21

於是禮物先行、
어 시 예 물 선 행

雅各是夜
아 각 시 야

宿於隊中、○
숙 어 대 중

창 32:22

雅各夜起、
아 각 야 기

使二妻二婢
사 이 처 이 비

及十一子、
급 십 일 자

濟雅博渡、
제 아 박 도

창 32:23

眷聚旣濟、
권 취 기 제

凡所有者亦濟、
범 소 유 자 역 제

창 32:24

雅各獨留、
아 각 독 류

遇一人與之角力、
우 일 인 여 지 각 력

迄於黎明、
흘 어 려 명

창 32:25

相角之時、
상 각 지 시

其人自知不勝、
기 인 자 지 불 승

觸雅各髀傷之、
촉 아 각 비 상 지

창 32:26

曰、
왈

容我去、
용 아 거

天明矣、
천 명 의

曰、
왈

不爲我祝嘏、
불 위 아 축 하

必不容爾去、
필 불 용 이 거

창 32:27

曰、
왈

爾何名、
이 하 명

曰、
왈

雅各、
아 각

창 32:28

曰、
왈

今而後、
금 이 후

爾不復名雅各、
이 불 복 명 아 각

當名以色列、
당 명 이 색 열

蓋爾與祆上帝
개 이 여 천 상 제

及人較量、
급 인 교 량

而 獲 勝 也、
이 획 승 야

창 32:29

雅 各 曰、
아 각 왈

請 以 爾 名 告 我、
청 이 이 명 고 아

曰、
왈

曷 問 我 名、
갈 문 아 명

遂 在 彼 爲 之 祝 嘏、
수 재 피 위 지 축 하

창 32:30

雅 各 名 其 地 曰
아 각 명 기 지 왈

毘 努 伊 勒、
비 노 이 륵

曰、
왈

我 與 祆 上 帝 覿 面、
아 여 천 상 제 적 면

而 我 命 尚 存、
이 아 명 상 존

창 32:31

日 出 時、
일 출 시

雅 各 過 毘 努 伊 勒、
아 각 과 비 노 이 륵

髀 傷、
비 상

其 行 蹣 跚、
기 행 반 산

창 32:32

因 其 人 觸 雅 各 髀、
인 기 인 촉 아 각 비

傷 其 巨 筋、
상 기 거 근

故 以 色 列 人 不
고 이 색 열 인 불

食 髀 之 巨 筋、
식 비 지 거 근

至 於 今 日、
지 어 금 일

創世記 第三十三章
창 세 기 제 삼 십 삼 장

창 33:1

雅 各 擧 目、
아 각 거 목

見以掃率
견 이 소 솔

四百人至、
사 백 인 지

遂區別諸子、
수 구 별 제 자

付與利亞拉結
부 여 리 아 랍 결

暨二婢、
기 이 비

창 33:2

置二婢及
치 이 비 급

其子於前、
기 자 어 전

利亞及其子於中、
리 아 급 기 자 어 중

拉結及約瑟於後、
랍 결 급 약 슬 어 후

창 33:3

己則先行、
기 칙 선 행

俯伏者七、
부 복 자 칠

方近厥兄、
방 근 궐 형

창 33:4

以掃趨迎、
이 소 추 영

抱頸接吻、
포 경 접 문

彼此涕泣、
피 차 제 읍

창 33:5

以掃見婦與子、
이 소 견 부 여 자

問偕爾者何人、
문 해 이 자 하 인

曰、
왈

祆上帝施恩、
천 상 제 시 은

賜僕之子、
사 복 지 자

창 33:6

二婢及其
이 비 급 기

子前而拜、
자 전 이 배

창 33:7

利亞及其
리 아 급 기

子前而拜、
자 전 이 배

後拉結及約瑟、
후 랍 결 급 약 슬

亦前而拜、
역 전 이 배

창 33:8

以掃曰、
이 소 왈

我所遇之
아 소 우 지

羣畜何意、
군 축 하 의

曰、
왈

望沾恩於主、
망 첨 은 어 주

창 33:9

曰、
왈

吾弟、
오 제

我已足矣、
아 이 족 의

爾所有者存之、
이 소 유 자 존 지

창 33:10

曰、
왈

勿爾、
물 이

若沾爾恩、
약 첨 이 은

請受我禮、
청 수 아 예

蓋我覿爾面、
개 아 적 이 면

蒙爾悅納、
몽 이 열 납

如覿祆上帝面然、
여 적 천 상 제 면 연

창 33:11

祆上帝施恩、
천 상 제 시 은

使我富有、
사 아 부 유

請受所奉之禮、
정 수 소 봉 지 예

迫之乃受、
박 지 내 수

창 33:12

以掃曰、
이 소 왈

吾儕啓行而往、
오 제 계 행 이 왕

我爲爾先導、
아 위 이 선 도

창 33:13

曰、
왈

主知我之
주 지 아 지

子女猶稚、
자 녀 유 치

而牛羊方字、
이 우 양 방 자

若一日亟驅之、
약 일 일 극 구 지

則羣畜盡死、
칙 군 축 진 사

창 33:14

請我主前往、
청 아 주 전 왕

僕率子女牲畜、
복 솔 자 녀 생 축

依其步履、
의 기 보 리

徐徐而進、
서 서 이 진

詣我主於西珥、
예 아 주 어 서 이

창 33:15

曰、
왈

容我留從者數人、
용 아 류 종 자 수 인

與爾偕行、
여 이 해 행

曰、
왈

焉用此、
언 용 차

惟得沾主恩足矣、
유 득 점 주 은 족 의

창 33:16

是日以掃
시 일 이 소

返於西珥、
반 어 서 이

창 33:17

雅各至疎割、
아 각 지 소 할

爲己築室、
위 기 축 실

爲畜作廬、
위 축 작 려

故其地名
고 기 지 명

曰疎割、○
왈 소 할

창 33:18

雅各自巴旦亞蘭
아 각 자 파 단 아 란

安然而歸、
안 연 이 귀

至迦南地示劍邑、
지 가 남 지 시 검 읍

張幕其東、
장 막 기 동

창 33:19

後出百金、
후 출 백 금

與示劍父
여 시 검 부

哈抹子孫、
합 말 자 손

以購張幕之所、
이 구 장 막 지 소

창 33:20

在彼築壇、
재 피 축 단

名之曰袄上帝
명 지 왈 천 상 제

以色列之袄上帝、
이 색 열 지 천 상 제

創世記 第三十四章
창 세 기 제 삼 십 사 장

창 34:1

雅各之女底拿、
아 각 지 녀 저 나

利亞所生也、
리 아 소 생 야

往見鄰女、
왕 견 린 녀

창 34:2

彼地牧伯希未人
피 지 목 백 희 미 인

哈抹子示劍見之、
함 말 자 시 검 견 지

執之偕寢、
집 지 해 침

而玷辱焉、
이 점 욕 언

창 34:3

中心膠漆、
중 심 교 칠

愛慕殊深、
애 모 수 심

語以甘言、
어 이 감 언

창 34:4

示劍告父哈抹曰、
시 검 고 부 함 말 왈

請爲我娶
청 위 아 취

此女爲室、
차 녀 위 실

창 34:5

雅各聞女底拿
아 각 문 녀 저 나

被辱時、
피 욕 시

衆子牧羣於田、
중 자 목 군 어 전

故緘口無詞、
고 함 구 무 사

以待子歸、
이 대 자 귀

창 34:6

示劍父哈抹出、
시 검 부 합 말 출

欲與雅各語、
욕 여 아 각 어

창 34:7

雅各衆子聞之、
아 각 중 자 문 지

自田歸、
자 전 귀

因示劍與雅各
인 시 검 여 아 각

女偕寢、
녀 해 침

干咎於以色列族、
간 구 어 이 색 열 족

爲所不當爲、
위 소 불 당 위

不勝憂忿、
불 승 우 분

창 34:8

哈抹語之曰、
하 말 어 지 왈

我子示劍之心、
아 자 시 검 지 심

戀爾女弟、
련 이 녀 제

請與之爲室、
청 여 지 위 실

창 34:9

爾我互相嫁娶、
이 아 호 상 가 취

以爾女嫁我、
이 이 녀 가 아

我女任爾娶、
아 녀 임 이 취

창 34:10

爾我偕處、
이 아 해 처

地在爾前、
지 재 이 전

爾其居此貿易、
이 기 거 차 무 역

得其產業、
득 기 산 업

창 34:11

示劍謂女之
시 검 위 녀 지

父兄曰、
부 형 왈

望沾爾恩、
망 첨 이 은

任爾所求、
임 이 소 구

我必與之、
아 필 여 지

창 34:12

聘禮之索、
빙 예 지 색

惟命是從、
유 명 시 종

第以女予我爲室、
제 이 녀 여 아 위 실

창 34:13

雅各衆子以妹
아 각 중 자 이 매

底拿被玷、
저 나 피 점

詭詞對哈抹
궤 사 대 함 말

示劍曰、
시 검 왈

창 34:14

此事不可行、
차 사 불 가 행

人未受割、
인 미 수 할

而我以妹與之、
이 아 이 매 여 지

自取辱耳、
자 취 욕 이

창 34:15

惟爾男子、
유 이 남 자

咸效我受割、
함 효 아 수 할

方可從爾言、
방 가 종 이 언

창 34:16

如是、
여 시

我儕以女嫁爾、
아 제 이 녀 가 이

亦娶爾女、
역 취 이 녀

彼此偕居、
피 차 해 거

合爲一族、
합 위 일 족

창 34:17

若不聽我
약 불 청 아

言而受割、
언 이 수 할

我則攜妹而去、○
아 칙 휴 매 이 거

창 34:18

哈抹與子示劍
합 말 여 자 시 검

善其言、
선 기 언

창 34:19

少者示劍、
소 자 시 검

爲宗族所推尊、
위 종 족 소 추 존

緣愛雅各女故、
연 애 아 각 녀 고

從言弗緩、
종 언 불 완

창 34:20

哈抹與子示劍
함 말 여 자 시 검

至其邑門、
지 기 읍 문

語邑人曰、
어 읍 인 왈

창 34:21

斯人與我睦、
사 인 여 아 목

此地又廣、
차 지 우 광

足以容之、
족 이 용 지

可准其居此貿易、
가 준 기 거 차 무 역

我娶其女、
아 취 기 녀

亦以我女嫁之、
역 이 아 녀 가 지

창 34:22

惟我中男子、
유 아 중 남 자

必先受割、
필 선 수 할

與彼相同、
여 피 상 동

則其人願偕我居、
즉 기 인 원 해 아 거

成爲一族、
성 위 일 족

창 34:23

如是、
여 시

則其牛羊、
즉 기 우 양

牲畜貨財、
생 축 화 재

豈不皆爲我有、
기 불 개 위 아 유

莫若許之、
막 약 허 지

使偕我居、
사 해 아 거

창 34:24

凡出邑門之男子、
범 출 읍 문 지 남 자

聽哈抹示劍言、
청 합 말 시 검 언

悉皆受割、
실 개 수 할

창 34:25

越至三日、
월 지 삼 일

其人痛劇時、
기 인 통 극 시

雅各二子、
아 각 이 자

底拿兄西緬利未、
저 나 형 서 면 리 미

各執刃、
각 집 인

潛襲邑、
잠 습 읍

殲其男子、
섬 기 남 자

창 34:26

以刃戮哈抹
이 인 륙 합 말

及示劍、
급 시 검

攜底拿出
휴 저 나 출

其室而去、
기 실 이 거

창 34:27

雅各衆子
아 각 중 자

因妹受辱、
인 매 수 욕

剝其屍、
박 기 시

刦其邑、
겁 기 읍

창 34:28

奪其牛羊驢、
탈 기 우 양 려

與在邑在田諸物、
여 재 읍 재 전 제 물

창 34:29

盡掠其貨財、
진 략 기 화 재

虜其妻子、
로 기 처 자

取其室中所有、
취기실중소유

창 34:30

雅各謂西緬
아각위서면

利未曰、
리미왈

爾曹累我、
이조루아

令我遺臭於居此
령아유취어거차

之迦南比利洗人、
지가남비리세인

且我人寡、
차아인과

彼必聚而攻我、
피필취이공아

殲我及家、
섬아급가

창 34:31

曰、
왈

彼待我妹若妓、
피대아매약기

可乎、
가호

創世記第三十五章
창세기제삼십오장

창 35:1

祆上帝諭雅各曰、
천상제유아각왈

昔爾避兄以掃時、
석이피형이소시

我在伯特利顯
아재백특리현

見於爾、
견어이

今起往彼而居、
금기왕피이거

爲我築壇、
위아축단

창 35:2

雅各命家人
아각명가인

與從者曰、
여종자왈

當除爾中
당제이중

異邦神像、
이방신상

潔己更衣、
결기경의

창 35:3

昔我遭難、
석아조난

祆上帝允我之祈、
천상제윤아지기

我行於途、
아행어도

祆上帝偕我、
천상제해아

今當赴伯特利、
금당부백특리

爲之築壇、
위지축단

창 35:4

遂以異邦神像、
수이이방신상

及耳環與之、
급이환여지

雅各藏於近乎
아각장어근호

示劍之橡下、
시 검 지 상 하

창 35:5

啟行而往、
계 행 이 왕

祆上帝使四周
천 상 제 사 사 주

諸邑之民懼甚、
제 읍 지 민 구 심

無追雅各子者、
무 추 아 각 자 자

창 35:6

雅各與從者、
아 각 여 종 자

至迦南之路斯、
지 가 남 지 로 사

卽伯特利、
즉 백 특 리

창 35:7

昔雅各避兄以掃、
석 아 각 피 형 이 소

祆上帝顯見、
천 상 제 현 견

故在彼築壇、
고 재 피 축 단

名其地曰
명 기 지 왈

伊勒伯特利、
이 륵 백 특 리

창 35:8

時、
시

利百加媪
리 백 가 온

底波拉死、
저 파 랍 사

葬於伯特利橡下、
장 어 백 특 리 상 하

名其樹曰
명 기 수 왈

亞倫巴古、○
아 륜 파 고

창 35:9

雅各自巴旦
아 각 자 파 단

亞蘭歸、
아 란 귀

祆上帝與之顯見、
천 상 제 여 지 현 견

錫之以嘏、
석 지 이 하

창 35:10

曰、
왈

爾名雅各、
이 명 아 각

今而後不復稱此、
금 이 후 불 복 칭 차

當名以色列、
당 명 이 색 열

遂名之曰以色列、
수 명 지 왈 이 색 열

창 35:11

又曰、
우 왈

我乃全能之
아 내 전 능 지

祆上帝、
천 상 제

爾其蕃息昌熾、
이 기 번 식 창 치

一族衆族
일 족 중 족

由爾而生、
유 이 이 생

多王由爾而出、
다 왕 유 이 이 출

창 35:12

我所賜亞伯拉罕
아 소 사 아 백 랍 한

以撒之地、
이 살 지 지

亦將錫爾、
역 장 석 이

爰及苗裔、
원 급 묘 예

창 35:13

祆上帝言竟、
천 상 제 언 경

離之上升、
리 지 상 승

창 35:14

雅各卽於祆上帝
아 각 즉 어 천 상 제

與言之處、
여 언 지 처

立石爲柱、
립 석 위 주

奠之以酒、
전 지 이 주

沃之以膏、
옥 지 이 고

창 35:15

名其處曰
명 기 처 왈

伯特利、○
백 특 리

창 35:16

由伯特利而徙、
유 백 특 리 이 사

去以法他無幾、
거 이 법 타 무 기

拉結臨產甚艱、
랍 결 림 산 심 간

창 35:17

難產之際、
난 산 지 제

收生者曰、
수 생 자 왈

毋懼、
무 구

爾又得子、
이 우 득 자

창 35:18

拉結臨死、
랍 결 림 사

魂將逝時、
혼 장 서 시

名其子曰
명 기 자 왈

便俄尼而死、
편 아 니 이 사

惟其父命名
유 기 부 명 명

便雅憫、
편 아 민

창 35:19

拉結旣卒、
랍 결 기 졸

葬於以法他、
장 어 이 법 타

卽伯利恆之途側、
즉 백 리 긍 지 도 측

창 35:20

雅各立碑於墓、
아 각 립 비 어 묘

至今猶稱
지 금 유 칭

拉結墓碑、
랍 결 묘 비

창 35:21

以色列復徙、
이 색 열 복 사

過以得臺而張幕、
과 이 득 대 이 장 막

창 35:22

居彼時、
거 피 시

流便烝父妾辟拉、
류 편 증 부 첩 벽 랍

事聞於以色列、○
사 문 어 이 색 열

창 35:23

雅各有子十二、
아 각 유 자 십 이

長子流便、
장 자 류 편

及西緬、
급 서 면

利未、
리 미

猶大、
유 대

以薩迦、
이 삳 가

西布倫、
서 포 륜

乃利亞所出、
내 리 아 소 출

창 35:24

約瑟、
약 슬

便雅憫、
편 아 민

乃拉結所出、
내 랍 결 소 출

창 35:25

但、
단

拿弗他利、
나 불 타 리

乃拉結婢
내 랍 결 비

辟拉所出、
벽 랍 소 출

창 35:26

迦得、
가 득

亞設、
아 설

乃利亞婢
내 리 아 비

悉帕所出、
실 파 소 출

是皆雅各於巴旦
시 개 아 각 어 파 단

亞蘭所生者、
아 란 소 생 자

창 35:27

雅各至幔利之
아 각 지 만 리 지

基列亞巴、
기 열 아 파

卽希伯崙、
즉 히 백 륜

見父以撒、
견 부 이 살

亞伯拉罕與以撒
아 백 랍 한 여 이 살

曾旅於此、○
증 려 어 차

창 35:28

以撒享壽一
이 살 향 수 일

百八十歲、
백 팔 십 세

창 35:29

壽高年邁、
수 고 년 매

氣絕而終、
기 절 이 종

歸於列祖、
귀 어 열 조

其子以掃
기 자 이 소

雅各葬之、
아 각 장 지

創世記 第三十六章
창 세 기 제 삼 십 륙 장

창 36:1

以掃卽以東、
이 소 즉 이 동

其裔如左、
기 예 여 좌

창 36:2

以掃娶迦南
이 소 취 가 남

女爲室、
녀 위 실

卽赫人以倫
즉 혁 인 이 륜

女亞大、
녀 아 대

與希未人祭便孫、
여 희 미 인 제 편 손

亞拿女阿
아 나 녀 아

何利巴瑪、
하 리 파 마

창 36:3

又娶以實瑪利女、
우 취 이 실 마 리 녀

尼拜約妹巴實抹、
니 배 약 매 파 실 말

창 36:4

亞大生以利法、
아 대 생 이 리 법

巴實抹生流珥、
파 실 말 생 류 이

창 36:5

阿何利巴瑪生
아 하 리 파 마 생

耶烏施、
야 오 시

雅蘭、
아 란

可拉、
가 랍

此皆以掃於
차 개 이 소 어

迦南地所生者、
가 남 지 소 생 자

창 36:6

以掃率妻、
이 소 솔 처

與子女家人、
여 자 녀 가 인

牛羊牲畜、
우 양 생 축

及在迦南
급 재 가 남

所得之資財、
소 득 지 자 재

往詣他方、
왕 예 타 방

離弟雅各、
리 제 아 각

창 36:7

蓋二人資財豐盛、
개 이 인 자 재 풍 성

牲畜繁多、
생 축 번 다

所旅之地、
소 려 지 지

不能容之、
불 능 용 지

弗獲同居、
불 획 동 거

창 36:8

以掃卽以東、
이 소 즉 이 동

居西珥山、○
거 서 이 산

창 36:9

以掃居西珥山、
이 소 거 서 이 산

爲以東族祖、
위 이 동 족 조

厥裔如左、
궐 예 여 좌

창 36:10

其子名以利法、
기 자 명 이 리 법

亞大所生、
아 대 소 생

流珥、
류 이

巴實抹所生、
파 실 말 소 생

창 36:11

以利法生提幔、
이 리 법 생 제 만

阿抹、
아 말

洗玻、
세 파

迦坦、
가 탄

基納斯、
기 납 사

창 36:12

以利法妾亭納、
이 리 법 첩 정 납

生亞瑪力、
생 아 마 력

此皆以掃妻
차 개 이 소 처

亞大之裔、
아 대 지 예

창 36:13

流珥生拿哈、
류 이 생 나 합

謝拉、
사 랍

沙瑪、
사 마

米撒、
미 살

此皆以掃妻巴
차 개 이 소 처 파

實抹之裔、
실 말 지 예

창 36:14

祭便孫、
제 편 손

亞拿女阿
아 나 녀 아

何利巴瑪、
하 리 파 마

從以掃生耶烏施、
종 이 소 생 야 오 시

雅蘭、
아 란

可拉、○
가 랍

창 36:15

以掃胤中、
이 소 윤 중

有爲族長者、
유 위 족 장 자

其畧如左、
기 략 여 좌

以掃冢子以利法
이 소 총 자 이 리 법

子孫中、
자 손 중

有提幔族長、
유 제 만 족 장

阿抹族長、
아 말 족 장

洗玻族長、
세 파 족 장

基納斯族長、
기 납 사 족 장

창 36:16

可 拉 族 長、
가 랍 족 장

迦 坦 族 長、
가 탄 족 장

亞 瑪 力 族 長、
아 마 력 족 장

此 以 利 法 後 裔
차 이 리 법 후 예

中 之 族 長、
중 지 족 장

在 以 東 地、
재 이 동 지

皆 亞 大 之 裔、○
개 아 대 지 예

창 36:17

以 掃 子 流 珥
이 소 자 류 이

子 孫 中、
자 손 중

有 拿 哈 族 長、
유 나 합 족 장

謝 拉 族 長、
사 랍 족 장

沙 瑪 族 長、
사 마 족 장

米撒族長、
미 살 족 장

此流珥後裔中
차 류 이 후 예 중

之族長、
지 족 장

在以東地、
재 이 동 지

皆以掃妻巴實抹
개 이 소 처 파 실 말

之裔、
지 예

창 36:18

阿何利巴瑪
아 하 리 파 마

子孫中、
자 손 중

有耶烏施族長、
유 야 오 시 족 장

雅蘭族長、
아 란 족 장

可拉族長、
가 랍 족 장

此皆以掃妻亞拿女
차 개 이 소 처 아 나 녀

阿何利巴瑪之裔、
아 하 리 파 마 지 예

창 36:19

上所記諸族長、
상 소 기 제 족 장

皆以掃卽以東
개 이 소 즉 이 동

之子孫、○
지 자 손

창 36:20

素居是地者、
소 거 시 지 자

何利人西珥子孫、
하 리 인 서 이 자 손

其畧如左、
기 략 여 좌

羅坍、
라 담

朔巴、
삭 파

祭便、
제 편

亞拿、
아 나

창 36:21

底順、
저순

以察、
이찰

底珊、
저산

此皆以東地何利人
차개이동지하리인

西珥裔中之族長、
서이예중지족장

창 36:22

羅坍子何利、
라담자하리

希幔、
희만

妹亭納、
매정납

창 36:23

朔巴子亞勒文、
삭파자아륵운

瑪拿轄、
마나할

以巴錄、
이파록

示玻、
시 파

阿南、
아 남

창 36:24

祭便子亞雅、
제 편 자 아 아

亞拿、
아 나

當時在野牧父
당 시 재 야 목 부

祭便之驢、
제 편 지 려

遇温泉者、
우 온 천 자

卽此亞拿、
즉 차 아 나

창 36:25

亞拿子底順、
아 나 자 저 순

女阿何利巴瑪、
녀 아 하 리 파 마

창 36:26

底順子欣但、
저 순 자 흔 단

伊是班、
이 시 반

益蘭、
익 란

基蘭、
기 란

창 36:27

以察子辟罕、
이 찰 자 벽 한

撒番、
살 번

亞干、
아 간

창 36:28

底珊子烏斯、
저 산 자 오 사

亞蘭、
아 란

창 36:29

何利族長、
하 리 족 장

其畧如左、
기 략 여 좌

羅坍族長、
라 담 족 장

朔巴族長、
삭 파 족 장

祭便族長、
제 편 족 장

亞拿族長、
아 나 족 장

창 36:30

底順族長、
저 순 족 장

以察族長、
이 찰 족 장

底珊族長、
저 산 족 장

此皆何利人在西珥
차 개 하 리 인 재 서 이

地爲族長者、○
지 위 족 장 자

창 36:31

當以色列人
당 이 색 열 인

未有王時、
미 유 왕 시

王於以東地者、
왕 어 이 동 지 자

其 畧 如 左 、
기 략 여 좌

창 36:32

比 珥 子 比 拉
비 이 자 비 랍

爲 王 於 以 東 、
위 왕 어 이 동

都 亭 哈 巴 、
도 정 합 파

창 36:33

比 拉 薨 、
비 랍 훙

波 斯 拉 人 謝 拉
파 사 랍 인 사 랍

子 約 巴 嗣 位 、
자 약 파 사 위

창 36:34

約 巴 薨 、
약 파 훙

提 幔 人 戶 珊 嗣 位 、
제 만 인 호 산 사 위

창 36:35

戶 珊 薨 、
호 산 훙

比達子哈達、
비 달 자 합 달

卽昔於摩押田擊
즉 석 어 마 압 전 격

米甸人者嗣位、
미 전 인 자 사 위

都亞未得、
도 아 미 득

창 36:36

哈達薨、
합 달 훙

瑪士利加人
마 사 리 가 인

桑拉嗣位、
상 랍 사 위

창 36:37

桑拉薨、
상 랍 훙

河濱利河伯人
하 빈 리 하 백 인

掃羅嗣位、
소 라 사 위

창 36:38

掃羅薨、
소 라 훙

亞革波子巴勒
아 혁 파 자 파 륵

哈南嗣位、
합 남 사 위

창 36:39

巴勒哈南薨、
파 륵 합 남 훙

哈達嗣位、
합 달 사 위

都巴烏、
도 파 오

其后米希他別、
기 후 미 희 타 별

乃米薩合孫、
내 미 살 합 손

瑪特利之女、○
마 특 리 지 녀

창 36:40

以掃裔諸族長、
이 소 예 제 족 장

依其世系
의 기 세 계

居處名氏、
거 처 명 씨

其畧如左、
기 략 여 좌

亭納族長、
정 납 족 장

亞勒瓦族長、
아 륵 와 족 장

耶帖族長、
야 첩 족 장

창 36:41

阿何利巴瑪族長、
아 하 리 파 마 족 장

以拉族長、
이 랍 족 장

比嫩族長、
비 눈 족 장

창 36:42

基納斯族長、
기 납 사 족 장

提幔族長、
제 만 족 장

米比薩族長、
미 비 살 족 장

창 36:43

瑪基疊族長、
마 기 첩 족 장

以蘭族長、
이 란 족 장

以上所載、
이 상 소 재

皆以東之族長、
개 이 동 지 족 장

依其疆域、
의 기 강 역

在其壤地、
재 기 양 지

以東族祖、
이 동 족 조

卽以掃是、
즉 이 소 시

創世記 第三十七章
창 세 기 제 삼 십 칠 장

창 37:1

雅各居迦南、
아 각 거 가 남

卽父所旅之地、
즉 부 소 려 지 지

창 37:2

其畧如左、
기 략 여 좌

孺子約瑟、
유자약슬

年十有七、
년십유칠

偕兄牧羊、
해형목양

與父妾辟拉悉
여부첩벽랍실

帕諸子爲侶、
파제자위려

以其過告父、
이기과고부

창 37:3

以色列之生
이색열지생

約瑟也、
약슬야

年已邁矣、
년이매의

故愛之逾於諸子、
고애지유어제자

爲製彩衣、
위제채의

창 37:4

諸兄見父愛
제 형 견 부 애

約瑟逾於己、
약 슬 유 어 기

遂憾之、
수 감 지

不能語以善言、○
불 능 어 이 선 언

창 37:5

約瑟得夢、
약 슬 득 몽

述於諸兄、
술 어 제 형

諸兄憾之愈甚、
제 형 감 지 유 심

창 37:6

約瑟曰、
약 슬 왈

我所夢者、
아 소 몽 자

請聽之、
청 청 지

창 37:7

吾儕於田束禾、
오 제 어 전 속 화

我所束者起而立、
아 소 속 자 기 이 립

爾所束者環而拜、
이 소 속 자 환 이 배

창 37:8

諸兄曰、
제 형 왈

爾果將君我乎、
이 과 장 군 아 호

抑轄我乎、
억 할 아 호

故因其夢與言、
고 인 기 몽 여 언

而益憾之、
이 익 감 지

창 37:9

約瑟復夢、
약 슬 복 몽

告諸兄曰、
고 제 형 왈

我夢得其二矣、
아 몽 득 기 이 의

有日月十一星、
유 일 월 십 일 성

皆拜我、
개 배 아

창 37:10

約瑟告父兄時、
약 슬 고 부 형 시

父叱之曰、
부 질 지 왈

爾所夢者何耶、
이 소 몽 자 하 야

我與汝母汝兄、
아 여 여 모 여 형

果將俯伏拜爾乎、
과 장 부 복 배 이 호

창 37:11

諸兄嫉之、
제 형 질 지

惟父誌其言、○
유 부 지 기 언

창 37:12

諸兄往示劍、
제 형 왕 시 검

牧父羣羊、
목 부 군 양

창 37:13

以色列語約瑟曰、
이 색 열 어 약 슬 왈

來、
래

爾兄非牧於
이 형 비 목 어

示劍乎、
시 검 호

吾將遣爾詣之、
오 장 견 이 예 지

曰、
왈

我在斯、
아 재 사

창 37:14

曰、
왈

往觀諸兄、
왕 관 제 형

及羣羊安否、
급 군 양 안 부

而返告我、
이 반 고 아

遂由希伯崙
수 유 희 백 륜

谷遣之、
곡 견 지

乃往示劍、
내 왕 시 검

창 37:15

躑躅田間、
척 촉 전 간

或遇之曰、
혹 우 지 왈

爾何求耶、
이 하 구 야

창 37:16

曰、
왈

求我兄、
구 아 형

彼牧羊何所、
피 목 양 하 소

請告我、
청 고 아

창 37:17

曰、
왈

已去此矣、
이 거 차 의

我聞其言、
아 문 기 언

將往多坍、
장 왕 다 담

約瑟追之、
약 슬 추 지

見於多坍、○
견 어 다 담

창 37:18

約瑟未至、
약 슬 미 지

諸兄遙見、
제 형 요 견

共謀殺之、
공 모 살 지

창 37:19

相語曰、
상 어 왈

作夢者來矣、
작 몽 자 래 의

창 37:20

莫若殺之、
막 약 살 지

擲於井、
척 어 정

謂爲惡獸所食、
위 위 악 수 소 식

觀其夢有何徵驗、
관 기 몽 유 하 징 험

창 37:21

流便聞之、
류 편 문 지

慾救約瑟曰、
욕 구 약 슬 왈

勿戕其命、
물 장 기 명

창 37:22

又曰、
우 왈

勿流其血、
물 류 기 혈

勿著以手、
물 저 이 수

曠野有井、
광 야 유 정

投之於中可也、
투 지 어 중 가 야

蓋欲援之、
개 욕 원 지

歸諸其父、
귀 제 기 부

창 37:23

約瑟至、
약 슬 지

諸兄褫其彩衣、
제 형 치 기 채 의

창 37:24

執而投諸眢井、○
집 이 투 제 원 정

창 37:25

諸兄坐而食餠、
제 형 좌 이 식 병

望見以實瑪利人、
망 견 이 실 마 리 인

聯隊自基列來、
련 대 자 기 열 래

以羣駝負香
이 군 타 부 향

料乳香沒藥、
료 유 향 몰 약

欲下埃及、
욕 하 애 급

창 37:26

猶大謂兄弟曰、
유 대 위 형 제 왈

殺弟而匿其血、
살 제 이 닉 기 혈

何益之有、
하 익 지 유

창 37:27

彼乃我弟、
피 내 아 제

我之骨肉、
아 지 골 육

毋著以手、
무 저 이 수

莫若鬻於以實
막 약 죽 어 이 실

瑪利人、
마 리 인

兄弟從之、
형 제 종 지

창 37:28

以實瑪利人
이 실 마 리 인

乃米甸賈、
내 미 전 가

適經其處、
적 경 기 처

諸兄乃援
제 형 내 원

約瑟出井、
약 슬 출 정

鬻之、
죽 지

獲金二十、
획 금 이 십

以實瑪利人挈
이 실 마 리 인 설

約瑟往埃及、○
약 슬 왕 애 급

창 37:29

流便至井、
류 편 지 정

窺約瑟不在、
규 약 슬 불 재

遂裂己衣、
수 렬 기 의

창 37:30

返見諸弟曰、
반 견 제 제 왈

孺子不在、
유 자 불 재

我將焉往、
아 장 언 왕

창 37:31

昆弟宰牡山羊、
곤 제 재 모 산 양

濡約瑟衣於血、
유 약 슬 의 어 혈

창 37:32

遣人攜之詣父曰、
견 인 휴 지 예 부 왈

我儕得此、
아 제 득 차

試觀爲爾
시 관 위 이

子之衣否、
자 지 의 부

창 37:33

雅各識之、
아 각 식 지

曰、
왈

是吾子之衣也、
시 오 자 지 의 야

彼爲惡獸所食、
피 위 악 수 소 식

約瑟破裂無疑矣、
약 슬 파 열 무 의 의

창 37:34

遂裂己衣、
수 렬 기 의

腰束以痲、
요 속 이 마

傷悼日久、
상 도 일 구

창 37:35

子女羣來相慰、
자 녀 군 래 상 위

父不受慰、
부 불 수 위

曰、
왈

我必悲哀
아 필 비 애

至於陰府、
지 어 음 부

就子乃已、
취 자 내 이

父之痛子如此、
부 지 통 자 여 차

창 37:36

米甸賈擕
미 전 가 유

約瑟至埃及、
약 슬 지 애 급

鬻與法老臣侍衛長
죽 여 법 로 신 시 위 장

波提乏、
파 제 핍

創世記第三十八章
창 세 기 제 삼 십 팔 장

창 38:1

維時、
유 시

猶大離諸昆弟、
유 대 리 제 곤 제

就亞杜蘭人希拉、
취 아 두 란 인 희 랍

창 38:2

見迦南人書亞女、
견 가 남 인 서 아 녀

娶之、
취 지

與之同室、
여 지 동 실

창 38:3

婦姙生子、
부 임 생 자

猶大名之曰珥、
유 대 명 지 왈 이

창 38:4

再姙生子、
재 임 생 자

母名之曰俄南、
모 명 지 왈 아 남

창 38:5

復姙生子、
복 임 생 자

名之曰示拉、
명 지 왈 시 랍

時、
시

猶大居於基悉、
유 대 거 어 기 십

창 38:6

猶大爲長子
유 대 위 장 자

珥娶室、
이 취 실

名他瑪、
명 타 마

창 38:7

珥行惡於
이 행 악 어

耶和華前、
야 화 화 전

耶和華殺之、
야 화 화 살 지

창 38:8

猶大命俄南曰、
유 대 명 아 남 왈

汝其與嫂同室、
여 기 여 수 동 실

以盡弟分、
이 진 제 분

生子嗣兄、
생 자 사 형

창 38:9

俄南知子不歸己、
아 남 지 자 불 귀 기

不欲爲兄存後、
불 욕 위 형 존 후

與嫂偕寢時、
여 수 해 침 시

遺泄於地、
유 설 어 지

창 38:10

所爲不悅於
소 위 불 열 어

耶和華、
야 화 화

耶和華亦殺之、
야 화 화 역 살 지

창 38:11

猶大恐季子亦死、
유 대 공 계 자 역 사

如二兄然、
여 이 형 연

謂媳他瑪曰、
위 식 타 마 왈

姑居父家、
고 거 부 가

守誌勿嫁、
수 지 물 가

待吾子示拉長、
대 오 자 시 랍 장

遂往居父家、○
수 왕 거 부 가

창 38:12

久之、
구 지

猶大妻書亞女死、
유 대 처 서 아 녀 사

猶大旣得慰藉、
유 대 기 득 위 자

與友亞杜蘭人
여 우 아 두 란 인

希拉往亭拿、
희 랍 왕 정 나

就剪羊毛者、
취 전 양 모 자

창 38:13

或告他瑪曰、
혹 고 타 마 왈

汝舅往亭拿
여 구 왕 정 나

剪羊毛、
전 양 모

창 38:14

他瑪見示拉長、
타 마 견 시 랍 장

而未得嫁之、
이 미 득 가 지

乃去嫠服、
내 거 리 복

以帕蒙面蔽體、
이 파 몽 면 폐 체

坐於伊拿印邑門、
좌 어 이 나 인 읍 문

在往亭拿之途側、
재 왕 정 나 지 도 측

창 38:15

猶大見其蔽面、
유 대 견 기 폐 면

以爲妓、
이 위 기

창 38:16

道旁就之曰、
도 방 취 지 왈

來、
래

我與爾偕寢、
아 여 이 해 침

蓋不知爲媳也、
개 불 지 위 식 야

婦曰、
부 왈

與我偕寢、
여 아 해 침

何以贈我、
하 이 증 아

창 38:17

曰、
왈

必遺羣中
필 유 군 중

山羊之羔、
산 양 지 고

曰、
왈

羔未至、
고 미 지

與質否、
여 질 부

창 38:18

曰、
왈

與爾何質、
여 이 하 질

曰、
왈

爾印與紳、
이 인 여 신

及手中杖、
급 수 중 장

乃畀之、
내 비 지

遂與偕寢、
수 여 해 침

婦卽懷姙、
부 즉 회 임

창 38:19

起而去、
기 이 거

脫帕、
탈 파

仍衣嫠服、
잉 의 리 복

창 38:20

猶大託友亞杜蘭
유 대 탁 우 아 두 란

人遺之羔、
인 유 지 고

由婦取質、
유 부 취 질

而不獲見、
이 불 획 견

창 38:21

詢居民曰、
순 거 민 왈

伊拿印道旁、
이 나 인 도 방

有妓安在、
유 기 안 재

曰、
왈

此地無妓、
차 지 무 기

창 38:22

返見猶大曰、
반 견 유 대 왈

求之不得、
구 지 불 득

居民亦言彼
거 민 역 언 피

地無妓、
지 무 기

창 38:23

猶大曰、
유 대 왈

吾既託爾遺羔、
오 기 탁 이 유 고

不得其人、
불 득 기 인

任婦得質、
임 부 득 질

免我貽羞、○
면 아 이 수

창 38:24

約越三月、
약 월 삼 월

或告猶大曰、
혹 고 유 대 왈

爾媳他瑪有淫行、
이 식 타 마 유 음 행

今已懷妊、
금 이 회 임

猶大曰、
유 대 왈

曳出焚之、
예 출 분 지

창 38:25

旣出、
기출

遣人謂舅曰、
견인위구왈

我之懷姙、
아지회임

由於此物之主、
유어차물지주

試觀此印、
시관차인

及紳與杖、
급신여장

爲誰所有、
위수소유

창 38:26

猶大承之、
유대승지

曰、
왈

我不嫁之
아불가지

與子示拉、
여자시랍

婦猶賢於我也、
부유현어아야

嗣後猶大不
사 후 유 대 불

復近之、
복 근 지

창 38:27

婦臨產、
부 림 산

知其孿生、
지 기 련 생

창 38:28

產際、
산 제

其一出手、
기 일 출 수

收生者以絳
수 생 자 이 강

絲繫之、
사 계 지

曰、
왈

此首出也、
차 수 출 야

창 38:29

手入、
수 입

其他出矣、
기 타 출 의

收生者曰、
수 생 자 왈

爾何自坼、
이 하 자 탁

故命名法勒斯、
고 명 명 법 륵 사

창 38:30

其手繫絳絲
기 수 계 강 사

者後出、
자 후 출

命名謝拉、
명 명 사 랍

創世記 第三十九章
창 세 기 제 삼 십 구 장

창 39:1

約瑟被攜至埃及、
약 슬 피 휴 지 애 급

法老臣侍衛長
법 로 신 시 위 장

波提乏、
파 제 핍

由以實瑪利
유 이 실 마 리

人購之、
인 구 지

창 39:2

約瑟居其主埃
약 슬 거 기 주 애

及人家、
급 인 가

耶和華偕之、
야 화 화 해 지

所爲暢遂、
소 위 창 수

창 39:3

厥主見耶和華
궐 주 견 야 화 화

偕之、
해 지

使其諸事亨通、
사 기 제 사 형 통

창 39:4

故加以恩、
고 가 이 은

俾侍左右、
비 시 좌 우

委治家業、
위 치 가 업

悉以所有、
실 이 소 유

歸其掌握、
귀 기 장 악

창 39:5

自委治家業、
자 위 치 가 업

耶和華爲約瑟故、
야 화 화 위 약 슬 고

錫嘏其主
석 하 기 주

埃及人家、
애 급 인 가

凡在室在田、
범 재 실 재 전

咸蒙福祉、
함 몽 복 지

창 39:6

其主遂以所有、
기 주 수 이 소 유

悉付約瑟、
실 부 약 슬

於己所食外、
어 기 소 식 외

不知其他、
불 지 기 타

約瑟儀容秀美、○
약 슬 의 용 수 미

창 39:7

嗣後主母目
사 후 주 모 목

約瑟曰、
약 슬 왈

與我偕寢、
여 아 해 침

창 39:8

約瑟弗從、
약 슬 불 종

曰、
왈

主不知家事、
주 불 지 가 사

以凡所有、
이 범 소 유

歸我掌握、
귀 아 장 악

창 39:9

此家之中、
자 가 지 중

莫大於我、
막 대 어 아

除爾爲主室外、
제 이 위 주 실 외

無一不歸我者、
무 일 불 귀 아 자

曷敢干此元惡、
갈 감 간 차 원 악

獲罪於祆上帝、
획 죄 어 천 상 제

창 39:10

婦日誘之、
부 일 유 지

約瑟弗從、
약 슬 불 종

不與偕寢、
불 여 해 침

亦不與同在、
역 불 여 동 재

창 39:11

一日入室治事、
일 일 입 실 치 사

旁無家人、
방 무 가 인

창 39:12

主母執其衣、
주 모 집 기 의

曰、
왈

與我偕寢、
여 아 해 침

約瑟棄衣而遁、
약 슬 기 의 이 둔

창 39:13

婦見其遁、
부 견 기 둔

遺衣在手、
유 의 재 수

창 39:14

則呼家人曰、
즉 호 가 인 왈

主使希伯來
주 사 희 백 래

人至此、
인 지 차

調戲我儕、
조 희 아 제

適來欲偕我寢、
적 래 욕 해 아 침

我厲聲號呼、
아 려 성 호 호

창 39:15

彼聞我揚聲、
피 문 아 양 성

遺衣逃遁而出、
유 의 도 둔 이 출

창 39:16

婦存其衣、
부 존 기 의

以待主歸、
이 대 주 귀

창 39:17

至則告曰、
지 칙 고 왈

爾所攜至之
이 소 휴 지 지

希伯來僕、
희 백 래 복

入而戲我、
입 이 희 아

창 39:18

我揚聲號呼、
아 양 성 호 호

彼乃遺衣遁去、○
피 내 유 의 둔 거

창 39:19

主聞其妻言曰、
주 문 기 처 언 왈

僕待我如是、
복 대 아 여 시

則怒、
칙 노

창 39:20

執約瑟下獄、
집 약 슬 하 옥

卽犯王章者
즉 범 왕 장 자

幽囚之處、
유 수 지 처

由是約瑟下獄、
유 시 약 슬 하 옥

창 39:21

耶和華偕之、
야 화 화 해 지

施以慈惠、
시 이 자 혜

令沾思於司獄、
령 점 사 어 사 옥

창 39:22

司獄以獄囚悉
사 옥 이 옥 수 실

畀約瑟掌理、
비 약 슬 장 리

獄中所爲、
옥 중 소 위

悉由約瑟、
실 유 약 슬

창 39:23

司獄一無所顧、
사 옥 일 무 소 고

咸歸約瑟、
함 귀 약 슬

蓋耶和華偕之、
개 야 화 화 해 지

使其所爲、
사 기 소 위

無不亨通、
무 불 형 통

創世記 第四十章
창 세 기 제 사 십 장

창 40:1

厥後、
궐 후

埃及王之
애 급 왕 지

酒政膳長、
주 정 선 장

干犯其主、
간 범 기 주

창 40:2

法老怒酒政
법 로 노 주 정

膳長二臣、
선 장 이 신

창 40:3

下之於獄、
하 지 어 옥

在侍衛長第中、
재 시 위 장 제 중

卽約瑟幽囚之處、
즉 약 슬 유 수 지 처

창 40:4

侍衛長付與約瑟、
시 위 장 부 여 약 슬

俾侍其側、
비 시 기 측

二人在獄日久、
이 인 재 옥 일 구

창 40:5

王之酒政膳長、
왕 지 주 정 선 장

繫於獄中、
계 어 옥 중

同夜得夢、
동 야 득 몽

夢各有兆、
몽 각 유 조

창 40:6

詰朝約瑟入、
힐 조 약 슬 입

見其有憂色、
견 기 유 우 색

창 40:7

問曰、
문 왈

爾曹今日、
이 조 금 일

何有憂色若是、
하 유 우 색 약 시

창 40:8

曰、
왈

我儕得夢、
아제득몽

無人能占、
무인능점

曰、
왈

占夢豈非由於
점몽기비유어

祆上帝乎、
천상제호

請述於我、○
청술어아

창 40:9

酒政以夢告
주정이몽고

約瑟曰、
약슬왈

吾夢有葡萄樹
오몽유포도수

於前、
어전

창 40:10

樹有三枝、
수 유 삼 지

恍若萌芽舒蕊、
황 약 맹 아 서 예

結實纍然而熟、
결 실 루 연 이 숙

창 40:11

吾手執法老爵、
오 수 집 법 로 작

摘取葡萄、
적 취 포 도

擠汁其中、
제 즙 기 중

以奉法老、
이 봉 법 로

창 40:12

約瑟曰、
약 슬 왈

三枝者、
삼 지 자

三日也、
삼 일 야

창 40:13

三日間、
삼 일 간

法老將提爾出獄、
법 로 장 제 이 출 옥

復爾原職、
복 이 원 직

奉爵法老、
봉 작 법 로

如昔爲酒政然、
여 석 위 주 정 연

此其占也、
차 기 점 야

창 40:14

爾旣得誌、
이 기 득 지

請垂念我、
청 수 념 아

施恩於我、
시 은 어 아

爲我告法老、
위 아 고 법 로

拯我出此、
증 아 출 차

창 40:15

我乃被掠、
아 내 피 략

出自希伯來境、
출 자 희 백 래 경

在此未作關
재 차 미 작 관

於縶獄之事、
어 계 옥 지 사

창 40:16

膳長見其占吉、
선 장 견 기 점 길

謂約瑟曰、
위 약 슬 왈

我亦得夢、
아 역 득 몽

有白餠三筐
유 백 병 삼 광

在於首、
재 어 수

창 40:17

上筐盛法老所
상 광 성 법 로 소

食之炙饌、
식 지 자 찬

有鳥啄之、
유 조 탁 지

창 40:18

約瑟曰、
약슬왈

三筐者、
상광자

三日也、
상일야

창 40:19

三日間、
상일간

法老將斷爾首、
법로장단이수

懸爾於木、
현이어목

鳥啄汝肉、
조탁여육

此其占也、
차기점야

창 40:20

越至三日、
월지상일

法老誕辰、
법로탄진

賜宴羣臣、
사연군신

召酒政膳長出獄、
소 주 정 선 장 출 옥

창 40:21

復酒政職、
복 주 정 직

奉爵於前、
봉 작 어 전

창 40:22

懸膳長於木、
현 선 장 어 목

悉如約瑟所占、
실 여 약 슬 소 점

창 40:23

然酒政不念約瑟、
연 주 정 불 념 약 슬

竟忘之矣、
경 망 지 의

創世記第四十一章
창 세 기 제 사 십 일 장

창 41:1

越二年、
월 이 년

法老夢立河濱、
법 로 몽 립 하 빈

창 41:2

見七牝牛自河出、
견칠빈우자하출

色美體肥、
색미체비

齧芻蘆中、
설추로중

창 41:3

又見七牝牛
우견칠빈우

自河出、
자하출

色惡體瘠、
색악체척

與前所見之牛、
여전소견지우

同立河濱、
동립하빈

창 41:4

色惡體瘠者、
색악체척자

呑其色美體肥者、
탄기색미체비자

法老乃寤、
법로내오

창 41:5

再寢、
재침

復夢、
복몽

見麥一莖生七穗、
견맥일경생칠수

旣茂且佳、
기무차가

창 41:6

後又生七穗、
후우생칠수

細弱而暴於東風、
세약이폭어동풍

창 41:7

細弱之穗、
세약지수

呑其旣茂且佳
탄기기무차가

之七穗、
지칠수

法老寤、
법로오

知爲夢、
지위몽

창 41:8

詰朝、
힐 조

中心憂疑、
중 심 우 의

召埃及博士哲人、
소 애 급 박 사 철 인

以夢告之、
이 몽 고 지

無能占者、○
무 능 점 자

창 41:9

酒政謂法老曰、
주 정 위 법 로 왈

今日我憶昔
금 일 아 억 석

日之咎、
일 지 구

창 41:10

曩者法老怒臣、
낭 자 법 로 노 신

以我及膳長、
이 아 급 선 장

因於侍衛長
수 어 시 위 장

第中之獄、
제 중 지 옥

창 41:11

彼與我同夜得夢、
피 여 아 동 야 득 몽

夢各有兆、
몽 각 유 조

창 41:12

時、
시

有希伯來少者、
유 희 백 래 소 자

偕我在獄、
해 아 재 옥

爲侍衛長之役、
위 시 위 장 지 역

我儕以夢告之、
아 제 이 몽 고 지

彼循各夢而占、
피 순 각 몽 이 점

창 41:13

後依所占而應、
후 의 소 점 이 응

臣得復職、
신 득 복 직

膳長懸木、○
선 장 현 목

창 41:14

法老遣使召約瑟、
법 로 견 사 소 약 슬

急令出獄、
급 령 출 옥

薙發易衣、
치 발 역 의

入覲法老、
입 근 법 로

창 41:15

法老謂約瑟曰、
법 로 위 약 슬 왈

我得一夢、
아 득 일 몽

無人能占、
무 인 능 점

或告我曰、
혹 고 아 왈

汝聞夢能占之、
여 문 몽 능 점 지

창 41:16

約瑟對曰、
약 슬 대 왈

此非我所能、
자 비 아 소 능

惟祆上帝必以平安
유 천 상 제 필 이 평 안

之兆示法老、
지 조 시 법 로

창 41:17

法老曰、
법 로 왈

我夢立河濱、
아 몽 립 하 빈

창 41:18

見七牛自河出、
견 칠 우 자 하 출

體肥色美、
체 비 색 미

齧芻蘆中、
설 추 로 중

창 41:19

又見七牛繼
우 견 칠 우 계

之而上、
지 이 상

色惡體瘠、
색 악 체 척

如斯陋劣、
여사루렬

遍埃及未之見也、
편애급미지견야

창 41:20

瘠且惡者、
척차악자

呑其先出
탄기선출

之七肥牛、
지칠비우

창 41:21

旣呑、
기탄

依然陋劣、
의연루렬

末由知其食之、
말유지기식지

我乃寤、
아내오

창 41:22

復夢、
복몽

見一莖生七穗、
견일경생칠수

旣茂且佳、
기 무 차 가

창 41:23

厥後又生七穗、
궐 후 우 생 칠 수

枯且細、
고 차 세

暴於東風、
폭 어 동 풍

창 41:24

細者呑其七佳穗、
세 자 탄 기 칠 가 수

我以此夢
아 이 차 몽

告諸博士、
고 제 박 사

莫能述之、○
막 능 술 지

창 41:25

約瑟謂法老曰、
약 슬 위 법 로 왈

法老之夢一也、
법 로 지 몽 일 야

祅上帝以所欲爲、
천 상 제 이 소 욕 위

示於法老、
시 어 법 로

창 41:26

七美牛者、
칠 미 우 자

七年也、
칠 년 야

七佳穗者、
칠 가 수 자

亦七年也、
역 칠 년 야

其夢維一、
기 몽 유 일

창 41:27

繼而上之七牛、
계 이 상 지 칠 우

瘠且惡者、
척 차 악 자

七年也、
칠 년 야

無實之七穗、
무 실 지 칠 수

暴於東風者、
폭 어 동 풍 자

亦七年、
역 칠 년

卽饑年也、
즉 기 년 야

창 41:28

我言祆上帝以所
아 언 천 상 제 이 소

欲爲示法老者、
욕 위 시 법 로 자

此之謂也、
차 지 위 야

창 41:29

遍埃及地、
편 애 급 지

將有七豐年、
장 유 칠 풍 년

창 41:30

後則繼以七饑年、
후 즉 계 이 칠 기 년

使斯土爲凶荒
사 사 토 위 흉 황

所滅、
소 멸

不憶前此之豐稔、
불 억 전 차 지 풍 임

창 41:31

蓋後至之凶
개 후 지 지 흉

荒特甚、
황 특 심

故疇昔之豐稔
고 주 석 지 풍 임

不知也、
불 지 야

창 41:32

祆上帝定此、
천 상 제 정 차

將速成之、
장 속 성 지

故使法老復夢、
고 사 법 로 복 몽

창 41:33

今可擇一才
금 가 택 일 재

智之士、
지 지 사

使治埃及、
사 치 애 급

창 41:34

亦立羣督於國、
역 립 군 독 어 국

俾於七豐年中、
비 어 칠 풍 년 중

征糧五分之一、
정 량 오 분 지 일

창 41:35

斂豐年之糧、
렴 풍 년 지 량

歸法老之手、
귀 법 로 지 수

積之於廩、
적 지 어 름

守之於城、
수 지 어 성

창 41:36

以爲將來七兇
이 위 장 래 칠 흉

年之蓄、
년 지 축

庶免此國滅
서 면 차 국 멸

於兇荒、○
어 흉 황

창 41:37

法 老 與 羣 臣
법 로 여 군 신

善 其 言、
선 기 언

창 41:38

法 老 謂 羣 臣 曰、
법 로 위 군 신 왈

如 此 之 人、
여 차 지 인

感 於 祆 上 帝 之 神、
감 어 천 상 제 지 신

豈 易 得 乎、
기 역 득 호

창 41:39

又 謂 約 瑟 曰、
우 위 약 슬 왈

祆 上 帝 旣 以
천 상 제 기 이

此 示 汝、
차 시 여

爾 之 才 智、
이 지 재 지

莫 與 比 擬、
막 여 비 의

창 41:40

爾可治我家、
이 가 치 아 가

我民擧止、
아 민 거 지

咸遵爾命、
함 준 이 명

我尊於爾、
아 존 어 이

只在國位、
지 재 국 위

창 41:41

又曰、
우 왈

我立爾統轄埃及、
아 립 이 통 할 애 급

창 41:42

遂脫指環、
수 탈 지 환

授約瑟手、
수 약 슬 수

衣以枲衣、
의 이 시 의

復以金鍊垂其項、
복 이 금 련 수 기 항

창 41:43

乘以副車、
승 이 부 차

前驅者呼曰跪、
전 구 자 호 왈 궤

由是立爲通
유 시 립 위 통

國之宰、
국 지 재

창 41:44

法老謂約瑟曰、
법 로 위 약 슬 왈

我乃法老、
아 내 법 로

埃及通國、
애 급 통 국

非有爾命、
비 유 이 명

無敢擧手足者、
무 감 거 수 족 자

창 41:45

法老賜約瑟名曰撒
법 로 사 약 슬 명 왈 살

發那忒巴內亞、
발 나 특 파 내 아

以安邑祭司波提非
이 안 읍 제 사 파 제 비

拉女亞西納妻之、
랍 녀 아 서 납 처 지

約瑟出巡埃及、○
약 슬 출 순 애 급

창 41:46

約瑟覲埃及王
약 슬 근 애 급 왕

法老時、
법 로 시

年已三十、
년 이 삼 십

爰離法老、
원 리 법 로

遍巡四方、
편 순 사 방

창 41:47

七豐年中、
칠 풍 년 중

物產蕃盛、
물 산 번 성

창 41:48

約瑟斂埃及
약 슬 렴 애 급

七年之糧、
칠 년 지 량

儲於城內、
저 어 성 내

各邑郊之糧、
각 읍 교 지 량

儲於本邑、
저 어 본 읍

창 41:49

遂積穀如
수 적 곡 여

海沙之多、
해 사 지 다

不復計算、
불 복 계 산

不可勝數故也、
불 가 승 수 고 야

창 41:50

荒年未至、
황 년 미 지

安邑祭司波提非
안 읍 제 사 파 제 비

拉女亞西納、
랍 녀 아 서 납

爲約瑟生二子、
위 약 슬 생 이 자

창 41:51

長子命名瑪拿西、
장 자 명 명 마 나 서

曰、
왈

祆上帝使我不復
천 상 제 사 아 불 복

念昔日之苦、
념 석 일 지 고

以及父家、
이 급 부 가

창 41:52

季子命名以法蓮、
계 자 명 명 이 법 련

曰、
왈

祆上帝於我
천 상 제 어 아

歷苦之地、
력 고 지 지

使我昌熾、○
사 아 창 치

창 41:53

埃及地、
애급지

七年之豐裕旣過、
칠년지풍유기과

창 41:54

七年之凶荒繼至、
칠년지흉황계지

應約瑟言、
응약슬언

列國皆饑、
열국개기

惟埃及徧處有糧、
유애급편처유량

창 41:55

迨埃及饑、
태애급기

民求食於法老、
민구식어법로

法老諭曰、
법로유왈

往見約瑟、
왕견약슬

循其所命而行、
순기소명이행

창 41:56

維時、
유 시

天下皆饑、
천 하 개 기

埃及之饑亦甚、
애 급 지 기 역 심

約瑟遂啟倉廩、
약 슬 수 계 창 름

糶糧於埃及人、
조 량 어 애 급 인

창 41:57

諸國至埃及、
제 국 지 애 급

乞糴於約瑟、
걸 적 어 약 슬

天下皆饑故也、
천 하 개 기 고 야

創世記 第四十二章
창 세 기 제 사 십 이 장

창 42:1

雅各知埃及有糧、
아 각 지 애 급 유 량

謂諸子曰、
위 제 자 왈

爾曹曷相觀望、
이 조 갈 상 관 망

창 42:2

我聞埃及有糧、
아 문 애 급 유 량

可往糴之、
가 왕 적 지

以延生命、
이 연 생 명

免於死亡、
면 어 사 망

창 42:3

於是約瑟
어 시 약 슬

諸昆十人、
제 곤 십 인

往糴於埃及、
왕 적 어 애 급

창 42:4

其弟便雅憫、
기 제 편 아 민

雅各不遣之偕行、
아 각 불 견 지 해 행

曰、
왈

恐其罹害、
공 기 리 해

창 42:5

羣詣埃及糴糧、
군 예 애 급 적 량

以色列諸子亦至、
이 색 열 제 자 역 지

迦南地饑故也、
가 남 지 기 고 야

창 42:6

時、
시

約瑟秉國鈞、
약 슬 병 국 균

糶糧於兆民、
조 량 어 조 민

諸昆至、
제 곤 지

俯伏以拜、
부 복 이 배

창 42:7

約瑟見而識之、
약 슬 견 이 식 지

佯爲不識、
양 위 불 식

厲聲曰、
려 성 왈

爾奚自、
이 해 자

曰、
왈

自迦南來乞糴、
자 가 남 래 걸 적

창 42:8

約瑟識諸昆、
약 슬 식 제 곤

而諸昆不之識、
이 제 곤 불 지 식

창 42:9

約瑟憶前夢、
약 슬 억 전 몽

語諸昆曰、
어 제 곤 왈

爾曹乃偵者、
이 조 내 정 자

今來此、
금 래 차

特窺是邦
특 규 시 방

之虛實耳、
지 허 실 이

창 42:10

曰、
왈

吾主、
오 주

不然、
불 연

僕爲乞糴而來、
복 위 걸 적 이 래

창 42:11

我儕一父所生、
아 제 일 부 소 생

爲人篤實、
위 인 독 실

非偵者也、
비 정 자 야

창 42:12

曰、
왈

否、
부

爾曹來窺是邦
이 조 래 규 시 방

之虛實耳、
지 허 실 이

창 42:13

曰、
왈

僕昆弟十二、
복 곤 제 십 이

迦南一人之子、
가 남 일 인 지 자

一弟已亡、
일 제 이 망

季者偕父、
계 자 해 부

창 42:14

約瑟曰、
약 슬 왈

汝爲偵者、
여 위 정 자

我言誠是、
아 언 성 시

창 42:15

若不攜季者至、
약 불 휴 계 자 지

以徵爾言之眞僞、
이 징 이 언 지 진 위

吾指法老
오 지 법 로

生命而誓、
생 명 이 서

不許爾出此、
불 허 이 출 차

창 42:16

爾中惟遣一
이 중 유 견 일

人攜汝弟來、
인 휴 여 제 래

其餘禁錮、
기 여 금 고

俟徵爾語、
사 징 이 어

知爾誠否、
지 이 성 부

非然、
비 연

吾指法老
오 지 법 로

生命而言、
생 명 이 언

汝果偵者、
여 과 정 자

창 42:17

遂同幽於
수 동 유 어

獄三日、○
옥 삼 일

창 42:18

至三日、
지 삼 일

語之曰、
어 지 왈

我寅畏天上帝、
아 인 외 천 상 제

有一策焉、
유 일 책 언

爾若從之、
이 약 종 지

則可得生、
칙 가 득 생

창 42:19

爾果篤實、
이 과 독 실

則囚一人於獄、
칙 수 일 인 어 옥

其餘載糧而歸、
기 여 재 량 이 귀

以救爾家之饑、
이 구 이 가 지 기

창 42:20

攜季者至、
휴 계 자 지

以徵爾言、
이 징 이 언

免於死亡、
면 어 사 망

乃遵命而行、
내 준 명 이 행

창 42:21

相語曰、
상 어 왈

昔吾儕緣弟獲戾、
석 오 제 연 제 획 려

見其苦衷、
견 기 고 충

而不聽其所求、
이 불 청 기 기 구

故遭此難、
고 조 차 난

창 42:22

流便曰、
류 편 왈

我豈不曰、
아 기 불 왈

勿干咎於孺子、
물 간 구 어 유 자

惟爾弗聽、
유 이 불 청

故討其血於我也、
고 토 기 혈 어 아 야

창 42:23

諸昆不知
제 곤 부 지

約瑟識其言、
약 슬 식 기 언

蓋彼此藉譯傳語、
개 피 차 자 역 전 어

창 42:24

約瑟退而哭、
약 슬 퇴 이 곡

復出與語、
복 출 여 어

自衆中取西緬、
자 중 중 취 서 면

繫之於前、
계 지 어 전

창 42:25

命以糧充諸昆囊、
명 이 량 충 제 곤 낭

各反其金於中、
각 반 기 금 어 중

饋之餱糧、
궤 지 후 량

遂如命以行、○
수 여 명 이 행

창 42:26

其人負糧
기 인 부 량

於驢而去、
어 려 이 거

창 42:27

至旅邸、
지 려 저

一人啟囊、
일 인 계 낭

以糧飼驢、
이 량 사 려

見金在囊口、
견 금 재 낭 구

창 42:28

告昆弟曰、
고 곤 제 왈

我金見反、
아 금 견 반

猶在於囊、
유 재 어 낭

衆心沮喪、
중 심 저 상

戰慄而相告曰、
전 률 이 상 고 왈

祆上帝於我、
천 상 제 어 아

所爲何耶、
소 위 하 야

창 42:29

遂歸迦南、
수 귀 가 남

見父雅各、
견 부 아 각

告以所遇、
고 이 소 우

창 42:30

曰、
왈

國宰厲聲叱我、
국 재 려 성 질 아

以我爲偵者、
이 아 위 정 자

창 42:31

我曰、
아 왈

吾儕爲人篤實、
오 제 위 인 독 실

非偵者也、
비 정 자 야

창 42:32

同父昆弟、
동 부 곤 제

十有二人、
십 유 이 인

一弟已亡、
일 제 이 망

季者偕父、
계 자 해 부

在於迦南、
재 어 가 남

창 42:33

國宰謂我曰、
국 재 위 아 왈

爾果篤實、
이 과 독 실

有策可知、
유 책 가 지

卽於爾中、
즉 어 이 중

必留一人偕我、
필 류 일 인 해 아

其餘載糧、
기 여 재 량

以救爾家之饑、
이 구 이 가 지 기

창 42:34

攜季者來斯、
휴 계 자 래 사

則知爾非偵者、
칙 지 이 비 정 자

誠爲篤實、
성 위 독 실

我乃反爾昆弟、
아 내 반 이 곤 제

聽爾貿易於國、○
청 이 무 역 어 국

창 42:35

迨傾厥囊、
태 경 궐 낭

所緘之金、
소 함 지 금

具在其中、
구 재 기 중

父子見之、
부 자 견 지

皆懼、
개 구

창 42:36

其父雅各謂之曰、
기 부 아 각 위 지 왈

爾曹喪我子矣、
이 조 상 아 자 의

約瑟已亡、
약 슬 이 망

西緬亦亡、
서 면 역 망

今欲取便雅憫、
금 욕 취 편 아 민

此皆有害於我、
차 개 유 해 어 아

창 42:37

流便語父曰、
류 편 어 부 왈

請付我手、
정 부 아 수

我必反之、
아 필 반 지

不攜之歸、
불 휴 지 귀

殺我二子可也、
살 아 이 자 가 야

창 42:38

曰、
왈

我之幼子、
아 지 유 자

必不與爾偕行、
필 불 여 이 해 행

其兄已亡、
기 형 이 망

惟彼獨存、
유 피 독 존

如途間遭害、
여 도 간 조 해

則爾使我皓首
칙 이 사 아 호 수

慘然下陰府矣、
참 연 하 음 부 의

創世記 第四十三章
창 세 기 제 사 십 삼 장

창 43:1

境內饑甚、
경 내 기 심

창 43:2

埃及所運
애 급 소 운

之糧已罄、
지 량 이 경

父曰、
부 왈

復往、
복 왕

少爲乞糴、
소 위 걸 적

창 43:3

猶大曰、
유 대 왈

其人切告我曰、
기 인 절 고 아 왈

如不攜季者至、
여 불 휴 계 자 지

不得覿吾面、
불 득 적 오 면

창 43:4

若遣弟偕往、
약 견 제 해 왕

我則爲爾乞糴、
아 칙 위 이 걸 적

창 43:5

不遣、
불 견

我則不往、
아 칙 불 왕

蓋其人曰、
개 기 인 왈

如不攜季者至、
여 불 휴 계 자 지

不得覿吾面、
불 득 적 오 면

창 43:6

以色列曰、
이 색 열 왈

胡爲如是苦我、
호 위 여 시 고 아

告以有弟、
고 이 유 제

창 43:7

曰、
왈

其人詰我
기 인 힐 아

及戚族云、
급 척 족 운

爾父尚在、
이 부 상 재

猶有弟否、
유 유 제 부

我以實告、
아 이 실 고

豈知其命我
기 지 기 명 아

攜弟來耶、
휴 제 래 야

창 43:8

猶大謂父
유 대 위 부

以色列曰、
이 색 열 왈

遣孺子與我偕、
견 유 자 여 아 해

卽起而往、
즉 기 이 왕

爾我暨子女、
이 아 기 자 녀

均可延生不死、
균 가 연 생 불 사

창 43:9

我敢保之、
아 감 보 지

惟我是問、
유 아 시 문

如不攜歸、
여 불 휴 귀

置於爾前、
치 어 이 전

我畢生負咎、
아 필 생 부 구

창 43:10

若無濡滯、
약 무 유 체

已往返者再、
이 왕 반 자 재

창 43:11

其父以色列曰、
기 부 이 색 열 왈

若然、
약 연

可如是行、
가 여 시 행

盛斯土之
성 사 토 지

佳品於器、
가 품 어 기

攜饋其人以爲禮、
휴 궤 기 인 이 위 예

乳香與蜜少許、
유 향 여 밀 소 허

及香料、
급 향 료

沒藥、
몰 약

榧子、
비 자

杏仁、
행 인

창 43:12

挈金乞糴、
설 금 걸 적

倍其前數、
배 기 전 수

昔得於囊之金、
석 득 어 낭 지 금

悉以返之、
실이반지

恐其或有差謬也、
공기혹유차류야

창 43:13

更攜汝弟、
경휴여제

往見其人、
왕견기인

창 43:14

願全能之袄上帝、
원전능지천상제

使爾蒙矜恤
사이몽긍휼

於其前、
어기전

釋爾兄與便雅憫、
석이형여편아민

若我喪子、
약아상자

則喪之耳、
칙상지이

창 43:15

遂取品物、
수취품물

挈糴金倍其數、
설 적 금 배 기 수

及便雅憫詣埃及、
급 편 아 민 예 애 급

立約瑟前、○
립 약 슬 전

창 43:16

約瑟見便雅憫
약 슬 견 편 아 민

偕至、
해 지

謂家宰曰、
위 가 재 왈

導此人入室、
도 차 인 입 실

宰牲設席、
재 생 설 석

是日亭午、
시 일 정 오

彼與我共食、
피 여 아 공 식

창 43:17

家宰遵命、
가 재 준 명

導之入室、
도 지 입 실

창 43:18

十人導至約瑟家、
십 인 도 지 약 슬 가

則懼、
칙 구

曰、
왈

緣昔反金於囊、
연 석 반 금 어 낭

故招我入、
고 초 아 입

欲乘隙攻我、
욕 승 극 공 아

執我爲奴、
집 아 위 노

而攘我驢、
이 양 아 려

창 43:19

乃就家宰於門側、
내 취 가 재 어 문 측

謂之曰、
위 지 왈

창 43:20

吾主、
오 주

昔我來此乞糴、
석 아 래 차 걸 적

창 43:21

歸至旅邸、
귀 지 려 저

啟囊、
계 낭

見各人之金猶在、
견 각 인 지 금 유 재

其數無缺、
기 수 무 결

今我反之、
금 아 반 지

창 43:22

此外尚挈金乞糴、
차 외 상 설 금 걸 적

藏金於囊、
장 금 어 낭

不識誰爲之、
불 식 수 위 지

창 43:23

曰、
왈

安哉、
안 재

無懼、
무 구

爾之祆上帝、
이 지 천 상 제

卽爾父之祆上帝、
즉 이 부 지 천 상 제

賜財於爾囊、
사 재 어 이 낭

爾金我已受之矣、
이 금 아 이 수 지 의

遂出西緬相見、
수 출 서 면 상 견

창 43:24

咸導入約瑟室、
함 도 입 약 슬 실

給水濯足、
급 수 탁 족

且飼其驢、
차 사 기 려

창 43:25

昆弟聞將食於此、
곤 제 문 장 식 어 차

乃備品物、
내 비 품 물

以待約瑟亭午至、○
이 대 약 슬 정 오 지

창 43:26

約瑟既歸、
약 슬 기 귀

昆弟陳品物於室、
곤 제 진 품 물 어 실

俯伏拜之、
부 복 배 지

창 43:27

約瑟問其安、
약 슬 문 기 안

曰、
왈

汝前言之老父、
여 전 언 지 로 부

尚在無恙乎、
상 재 무 양 호

창 43:28

曰、
왈

吾主之僕我父、
오 주 지 복 아 부

尙在無恙、
상 재 무 양

遂鞠躬而拜、
수 국 궁 이 배

창 43:29

約瑟目覩同
약 슬 목 도 동

母弟便雅憫、
모 제 편 아 민

曰、
왈

爾前言之季弟、
이 전 언 지 계 제

卽斯人乎、
즉 사 인 호

又曰、
우 왈

小子、
소 자

願祆上帝
원 천 상 제

施恩於汝、
시 은 어 여

창 43:30

約瑟慕弟情急、
약 슬 모 제 정 급

擇所而哭、
택 소 이 곡

乃入內室哭焉、
내 입 내 실 곡 언

창 43:31

後靧面出、
후 회 면 출

强制其情、
강 제 기 정

命進饌、
명 진 찬

창 43:32

遂進之、
수 진 지

約瑟一席、
약 슬 일 석

昆弟一席、
곤 제 일 석

共食之埃
공 식 지 애

及人一席、
급 인 일 석

緣埃及人與
연 애 급 인 여

希伯來族同席、
희 백 래 족 동 석

以爲不屑、
이 위 불 설

창 43:33

昆弟列坐於前、
곤 제 열 좌 어 전

長幼各依其序、
장 유 각 의 기 서

彼此異之、
피 차 이 지

창 43:34

約瑟推食食之、
약 슬 추 식 식 지

惟便雅憫
유 편 아 민

之饌五倍、
지 찬 오 배

遂飮同樂、
수 음 동 악

創世記 第四十四章
창 세 기 제 사 십 사 장

창 44:1

約瑟命家宰曰、
약 슬 명 가 재 왈

以糧充其人之囊、
이 량 충 기 인 지 낭

依所能負、
의 소 능 부

反金於中、
반 금 어 중

창 44:2

以我銀爵、
이 아 은 작

與季者之糴金、
여 계 자 지 적 금

置於季者囊、
치 어 계 자 낭

家宰如命而行、
가 재 여 명 이 행

창 44:3

黎明、
려 명

人與驢、
인 여 려

俱遣之去、
구 견 지 거

창 44:4

距 邑 未 遠、
거 읍 미 원

約 瑟 謂 家 宰 曰、
약 슬 위 가 재 왈

起 追 其 人、
기 추 기 인

及 之、
급 지

則 曰、
칙 왈

曷 以 惡 報 善 耶、
갈 이 악 보 선 야

창 44:5

此 器 非 吾 主
차 기 비 오 주

所 用 以 飮、
소 용 이 음

而 藉 以 卜 者 乎、
이 자 이 복 자 호

爾 行 此 事、
이 행 차 사

是 不 良 也、
시 불 량 야

창 44:6

追既及、
추 기 급

如言以告、
여 언 이 고

창 44:7

曰、
왈

吾主、
오 주

何出此言、
하 출 차 언

斯事僕斷不爲、
사 사 복 단 불 위

창 44:8

昔得金於囊、
석 득 금 어 낭

我自迦南來、
아 자 가 남 래

攜以反爾、
휴 이 반 이

則我豈竊金銀於
칙 아 기 절 금 은 어

爾主之室乎、
이 주 지 실 호

창 44:9

可索僕中、
가 색 복 중

獲之於誰、
획 지 어 수

卽致之死、
즉 치 지 사

我衆爲爾奴、
아 중 위 이 노

창 44:10

曰、
왈

如爾言、
여 이 언

獲之於誰、
획 지 어 수

當爲我奴、
당 위 아 노

餘皆無辜、
여 개 무 고

창 44:11

各急下囊啟之、
각 급 하 낭 계 지

창 44:12

家宰索焉、
가 재 색 언

自長迄幼、
자 장 흘 유

得爵於便雅憫囊、
득 작 어 편 아 민 낭

창 44:13

衆則裂衣、
중 칙 렬 의

使驢負載、
사 려 부 재

而返於邑、○
이 반 어 읍

창 44:14

猶大與昆弟至、
유 대 여 곤 제 지

約瑟尙在室、
약 슬 상 재 실

遂俯伏其前焉、
수 부 복 기 전 언

창 44:15

約瑟曰、
약 슬 왈

爾所行者何耶、
이 소 행 자 하 야

我之爲人、
아 지 위 인

信能占卜、
신 능 점 복

爾不知乎、
이 불 지 호

창 44:16

猶大曰、
유 대 왈

我儕於主、
아 제 어 주

夫復何言、
부 복 하 언

尙有何辭、
상 유 하 사

焉能自解、
언 능 자 해

祆上帝摘僕之咎、
천 상 제 적 복 지 구

獲爵於其手者、
획 작 어 기 수 자

與我儕咸
여 아 제 함

爲主之奴、
위 주 지 노

창 44:17

約瑟曰、
약 슬 왈

我斷不爲此、
아 단 불 위 차

獲爵於其手者、
획 작 어 기 수 자

當爲我奴、
당 위 아 노

爾衆安然以歸、
이 중 안 연 이 귀

見父可也、○
견 부 가 야

창 44:18

猶大前曰、
유 대 전 왈

吾主歟、
오 주 여

爾與法老一體、
이 여 법 로 일 체

容僕進一
용 복 진 일

言於主耳、
언 어 주 이

請毋怒、
청 무 노

창 44:19

昔主問僕云、
석 주 문 복 운

父尚在否、
부 상 재 부

有兄弟否、
유 형 제 부

창 44:20

我告吾主曰、
아 고 오 주 왈

老父尚在、
로 부 상 재

暮年生季子、
모 년 생 계 자

其同母之兄亡矣、
기 동 모 지 형 망 의

厥母惟遺此子、
궐 모 유 유 차 자

父愛之、
부 애 지

창 44:21

主語僕曰、
주 어 복 왈

攜之來、
휴 지 래

使我目覩之、
사 아 목 도 지

창 44:22

僕告主曰、
복 고 주 왈

孺子不能離父、
유 자 불 능 리 부

離之則父死、
리 지 칙 부 사

창 44:23

主曰、
주 왈

季弟不偕至、
계 제 불 해 지

爾曹不復覿吾面、
이 조 불 복 적 오 면

창 44:24

僕歸、
복 귀

見主之僕我父、
견 주 지 복 아 부

以主言告之、
이 주 언 고 지

창 44:25

父曰、
부 왈

復往、
복 왕

少爲乞糴、
소 위 걸 적

창 44:26

僕曰、
복 왈

不可往也、
불 가 왕 야

若季弟偕往則可、
약 계 제 해 왕 칙 가

蓋季弟不同行、
개 계 제 불 동 행

不得見其人之面、
불 득 견 기 인 지 면

창 44:27

主之僕我父曰、
주 지 복 아 부 왈

爾知我妻
이 지 아 처

惟生二子、
유 생 이 자

창 44:28

一出不歸、
일 출 불 귀

我曰必破裂矣、
아 왈 필 파 렬 의

至今未見、
지 금 미 견

창 44:29

若亦攜此而去、
약 역 휴 차 이 거

設其遘害、
설 기 구 해

則爾使我皓首慘
칙 이 사 아 호 수 참

然下陰府矣、
연 하 음 부 의

창 44:30

父子二人、
부 자 이 인

相依爲命、
상 의 위 명

我歸見主
아 귀 견 주

之僕我父、
지 복 아 부

而 孺 子 不 與 我 偕、
이 유 자 불 여 아 해

창 44:31

父 不 見 孺 子 必 死、
부 불 견 유 자 필 사

是 僕 使 主
시 복 사 주

之 僕 我 父、
지 복 아 부

皓 首 慘 然
호 수 참 연

下 陰 府 也、
하 음 부 야

창 44:32

且 僕 曾 保 孺 子
차 복 증 보 유 자

於 父 曰、
어 부 왈

如 不 攜 歸 以 見、
여 불 휴 귀 이 견

我 畢 生 負
아 필 생 부

咎 於 父 前、
구 어 부 전

창 44:33

今求准僕代
금구준복대

孺子居此、
유자거차

爲吾主之奴、
위오주지노

容其偕兄歸、
용기해형귀

창 44:34

若孺子不
약유자불

與我同返、
여아동반

父之悲慘、
부지비참

何忍見乎、
하인견호

板權誌

❀ 聖經筆寫 (第一券㊤)

❀ 초판 1 쇄 2017년 08 월 21 일

❀ 聖經筆寫協會 : 編纂委員

❀ 著 : 柳賢授

❀ 펴낸이 : 도서출판 保惠

❀ 출판 등록 제2014-000001 호 (2014.01.03.)

❀ 주소 : 천안시 서북구 하리1길 39

❀ 전화 : 010-2239-0675

❀ ISBN: 979-11-87802-17-4

셋트 ISBN: 979-11-87802-05-1